ジョブ型vsメンバーシップ型

日本の雇用を展望する

HRM研究会 編

清家　篤
濱口桂一郎
中村天江
植村隆生
山本紳也
八代充史
著

中央経済社

はじめに

本書は慶應義塾大学産業研究所ＨＲＭ研究会（以下ＨＲＭ研究会）が編者となる最初の本です。ＨＲＭ研究会って何？　まずそこから説明いたしましょう。

慶應義塾大学には、産業研究所という組織があります。大学には自由に研究ができる良さがありますが、こと共同研究ということになると大学も１つの組織なので学部内はともかく、学部を超える共同研究は難しいこともあります。産業研究所の特徴は、学部横断の研究機関であり、所員は経済や法律、或いは経営に関して自由に共同研究を行えるということです。また、共同研究の推進と並行して、成果を発表する場として経済学関係ではＫＥＯ（Keio Economic Observatory）セミナーが定期的に行われています。他方広い意味での産業や労働、今少し具体的に言うとＨＲＭ（Human Resources Management、人的資源管理）に関する研究者や実務家が報告を行い、各々の立ち位置を確認するために行われているのがＨＲＭ研究会です。

この研究会は1985年に設立されて、2020年に35周年を迎えました。節目の25周年を迎えた2011年以降5年毎に記念のシンポジウムを開催していますが、前年に35周年を迎えた2021年には9月11日（土）午後に、**「ジョブ型VSメンバーシップ型―日本的雇用制度の未来」**をテーマにオンラインでシンポジウムを開催しました。最近しきりに「ジョブ型」という言葉が使われます。会社の中に従業員への役割期待の最小単位として「職務」というものがあるのは洋の東西を問いませんが、ジョブ型というのはそれに留まらず、採用や解雇、報酬や従業員のキャリア形成など雇用制度全般が、職務を基軸にして再構築されることを意味します。こうしたジョブ型は、日本的雇用制度をどの様に変えるのか、そもそもわれわれはこうしたジョブ型を受入れるべきなのか、標記のシンポジウムは、この点を解明することを企図していました。当日のプログラムの詳細は、巻末をご参照いただければ幸いです。

本書は、シンポジウム当日の報告内容をベースに、大幅に加筆・修正を施したものです。ご登壇者（執筆者）は当代一流の先生方にご参集いただきました。正に最強の布陣だと思います。ご多忙の中、御報告と御執筆をお引き受けいただき、本当に有難うございました。

本書の刊行に際しては直接間接に多くの方にお世話になりました。産業研究所の石岡克俊所長他所員の皆様、村越雅子さんを初めとする事務室の方々には、日頃研究会の運営に様々ご配慮をいただき、また学内のポスターの掲示や学外からの電話でのお問い合わせにいつもご対応をいただき、本当に感謝しております。

また、研究会のファウンダーである佐野陽子先生、石田英夫先生は、長らく研究会を牽引され、今も変わらず出席されて鋭い意見を披歴されます。両先生が出席されるとなごやかな雰囲気の下でも自然と場が締まり、私自身いつも背筋が伸びる思いがします。平素のご指導に対して、この場を借りて謝意をお伝えしたいと思います。

そして、当日のご参加者各位に厚く（熱く！）御礼申し上げます。オンライン上で多数の参加者が意見を述べられ、シンポジウム終了後もメールで感想をお寄せいただく方やＳＮＳで意見表明される方が後を絶ちませんでした。あの日の「熱い」議論が本書に反映されていれば、関係者としてこれにすぐる喜びはありません。あらためて、ありがとうございました。

最後に、本書の企画を推進していただいた、㈱中央経済社学術書編集部編集長の市田由紀子さんに哀心から謝意を表したいと思います。市田さんも実はこの研究会のメンバーです。メンバーの中には正直長らくご無沙汰の会員も少なからず棲息しておりますが、市田さんは毎回参加され、熱心にメモを取りながら耳を傾けておられます。そして「これはいける」と狙いをつけた報告があると、報告者に素早く接触して出版化を実現する、極めて嗅覚の鋭い編集者です。書籍化についてご連絡を頂いたのは確かまだ肌寒い日の続く3月だったと思います。それから暑い夏にシンポジウムの準備を進め、シンポジウム終了後に原稿執筆、そして木枯らしの季節に無事原稿が揃いました。全ては、市田さんの献身的な御努力の賜物です。本当にありがとうございました。

なお、本書がHRM研究会の成果物であるため、編者は特定個人ではなく「慶應義塾大学産業研究所HRM研究会編」で刊行することを執筆者の皆様および中央経済社からご了解いただきました。本当にありがとうございました。

2022年3月

慶應義塾大学商学部教授
産業研究所兼担所員
HRM研究会幹事
八代　充史

目次

はじめに／001

序章 本書の企画趣旨（八代充史） 017

ジョブ型雇用とは何か？／018
職種別採用・限定正社員とジョブ型雇用／020
ジョブ型雇用の問題点／022
あらためて、ジョブ型雇用とは／024

第1章 ジョブ型雇用の経済分析（清家 篤） 029

1 ジョブ型雇用で本当に大丈夫か 030

2 ジョブ型雇用と労働市場 031
3 ジョブ型雇用と人的資本投資 035
4 ジョブ型雇用と企業帰属意識 041
5 ジョブ型雇用と女性や高齢者の就労促進 045
6 仕事の未来世界委員会報告から見たジョブ型雇用 048
7 相対的に考える 053

第2章 ジョブ型VSメンバーシップ型と労働法（濱口桂一郎） 061

1 ジョブ型は古くさいぞ 062
ジョブ型は新商品に非ず／062
メンバーシップ型の毀誉褒貶／064
メンバーシップ型の真の問題点／065
2 就職と採用 067

採用差別禁止が理解できないわけ／067
試用期間は何のため？／070
学歴詐称の意味／072
求人詐欺は紙一重／073

3 解雇　076
ジョブ型では整理解雇が一番正当／076
解雇でも「能力」とスキルは別物／078
日本では忠誠心不足が正当な解雇／081
移る権利、移らない権利／082

4 ヒトの値段、ジョブの値段　084
「能力」給の矛盾のなれの果て／084
ご都合主義の成果主義／086
日本版同一労働同一賃金という虚構／088

5 定年と高齢者雇用　091

定年退職は引退に非ず／091
定年後再雇用の矛盾／092
6　ジョブ型だった公務員制度――093
7　障害者という別枠――095
8　外国人材――097
9　ではどうなるの？――100

第3章

日本的ジョブ型雇用
―人材起点の日本企業が選んだカタチ（中村天江）――103
1　日本企業の挑戦――104
競争力の高い人事制度へ／104
ジョブ型の対象は「タレント」／105
人事の「下方硬直性」を壊す／107
制度はあっても、運用はなし／109

社員にも変化を求める／111
「ジョブ型雇用」は改革スローガン／112

2 ジョブ型とメンバーシップ型――114
欧米企業と日本企業の違い／114
人と仕事のマッチングが逆／115
対極のシステム／116
職務記述書から始まる／118
ジョブ型雇用の導入手順／119
数年かけて抜本転換／121

3 日本的ジョブ型雇用――122
人事制度のバリエーション／122

4 ジョブ型採用――124
熾烈な人材争奪戦／124
「ジョブ型採用」の定義／126

人材獲得力が高まる／127
上方移動できる雇用流動性／128

5 ジョブ型雇用とタレントマネジメントの併用 130

人材起点の日本企業／130
KDDIの人事制度改革／131
タレントマネジメントの拡大／134
ゴールは「止揚」／136

6 ロール型雇用 138

ジョブ型雇用ブームの弊害／138
「ロール型雇用」を提唱した理由／139
役割は、職務と職能の中間／141
役割等級制度もジョブ型？／143
機能不全を起こさない／145
機能する改革とは／146

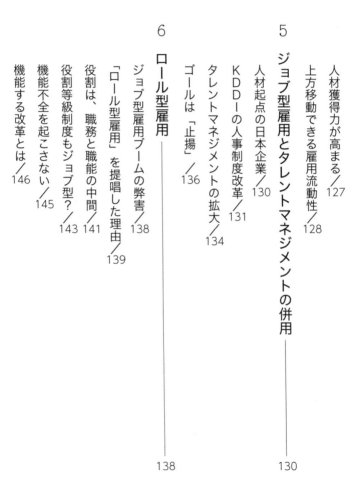

7 人事制度改革の行方――147
日本企業が選んだカタチ／147
目指すは二者択一の先／149
内部労働市場の進化／151
雇用制度の未来／153

第4章

国家公務員制度とジョブ型VSメンバーシップ型

（植村隆生）――159
1 ジョブ型とメンバーシップ型――160
2 1947年国家公務員法制定時に予定されていた人事制度――163
3 職階制が実施されなかった主な理由――167
4 2007年国家公務員法改正前までの公務員制度と人事管理――169
5 2007年国家公務員法改正と職階制の廃止――172
6 2007年国家公務員法改正後の公務員人事管理――175

7 近年の公務員人事管理の傾向 177
8 新自由主義的な観点からの公務員制度改革 180
9 メンバーシップ型人事管理の持続可能性 183
10 デジタル庁の試み 192
11 人事院「公務員人事管理に関する報告」（2021年8月10日） 196
12 これからの公務員人事管理 198

第5章 コンサルタントが現場目線でみた ジョブ型VSメンバーシップ型（山本紳也）

ジョブ型VSメンバーシップ型（山本紳也） 203
1 コンサルティングキャリアで見てきたジョブ型の実態 204
人事コンサルタントが見てきたジョブ型の成り立ち／204
マネジメントツールとしてのジョブグレイディング／206
海外だってジョブオンリーではない／210
アカウンタビリティ型／212

2　雇用と人材マネジメント――214
ジョブ型雇用の視点とジョブ型人事の視点／214
雇用視点と人材マネジメント視点、その経路依存性と相互作用性／216
3　社員意識と組織風土の形成――223
結果として醸成される社員意識と組織風土／223
グローバルリーダーの育つ組織／226
4　これからの日本企業の模索――229
そもそも、あなたの会社はどうしたいのか？／229
環境からの変革プレッシャー／231
大人の組織になるために／233
ダイバーシティの視点から／234
社会システム変革への模索／236

終章
本書のまとめ（八代充史）――239
本書の概要／241
シンポジウムの主要な論点／243
ジョブ型を導入するモチベーション／245
ジョブ型雇用は大学を変えるのか？／248
おわりに／251

補論
慶應義塾大学産業研究所とＨＲＭ研究会（八代充史）――253
産業研究所とは／253
行動科学部門の変遷／255
ＨＲＭ研究会とは／256
ＨＲＭ研究会の意義／258

おわりに／261
巻末資料　慶應義塾大学産業研究所ＨＲＭ研究会活動実績・シンポジウムポスター／289

序 章

本書の企画趣旨

八代充史

慶應義塾大学商学部教授

本書は慶應義塾大学産業研究所HRM研究会（詳しくは補論参照）が2021年9月11日（土）に開催した創立35周年記念シンポジウム「ジョブ型VSメンバーシップ型―日本的雇用制度の未来」の内容を基調としつつ、ご登壇者の先生方に改めて原稿をご執筆頂き、大幅にリニューアルを施したものです。詳細は補論をご参照頂くとして、HRM研究会は1985年に設立された、研究者、大学院生、実務家によって構成されている研究会です。25周年以降節目の年にシンポジウムを開催しているのですが、35周年を迎えた今回は、旬のテーマであるジョブ型雇用の是非をテーマに取り上げました。以下本書の企画の趣旨について述べることで、第1章以下の理解を促進することに繋げたいと思います。

ジョブ型雇用とは何か？

最近しきりに、**ジョブ型雇用**という言葉を耳にします。「ジョブ型は評価基準を明確にする」とか、「ジョブ型は従業員の専門性を向上させる」、あげくは「専門性がない新規学卒者を雇うことはやめて、職務要件を満たした者を雇うべきだ」、といった言説が巷に溢れています。そもそもジョブ型雇用とは、一体何でしょうか？

一般に、組織体が人を雇用するのは、組織目的を達成すべく何等かの役割を担わせる為です。こうした役割の最小単位が**職務**です。従業員の給与が職務に対して支払われることを**職務給**と言います[1]。こうした職務給は、正規・非正規の同一労働同一賃金等**働き方改革**との絡みで近年注目を集めています。

しかしジョブ型と職務給とが同義かと言えば、必ずしもそうではありません。ジョブ型雇用の嚆矢をなすのは、濱口（2009）です。濱口（2021）も、日本的雇用の本質は職務を特定しないメンバーシップ型であると規定し、**メンバーシップ型**と**ジョブ型**の違いが、賃金はもとより採用、人事異動、解雇、労使関係の分野に及ぶことを指摘しています。メンバーシップ型では、賃金は仕事に対応する職務給よりも仕事から切り離された職能給が一般的ですが、これは賃金を職務から切り離すことで労働力の需給調整を**解雇**（**外部労働市場**）ではなく**配置転換**（**企業内労働市場**）で行うことを可能にする為です。

ジョブ型雇用に関する今一つの有力な所論は、鶴（2016）の**ジョブ型正社員**です。**日本的雇用制度**の特徴として**長期雇用**や**年功賃金**が挙げられますが、それは勤務地、仕事、労働時間の何れもが限定されていない**無限定正社員**の存在によって初めて可能になるのです。鶴氏は、従業員のワークライフバランスを実現し、彼らのキャリア形成を容易にする為に、ジョブ型正社員を導入することが必要だと述べています。

職種別採用・限定正社員とジョブ型雇用

しかし、過去20年間長期雇用や年功賃金が統計上維持されている中で無限定性を限定する試みが行われてきたことも事実です。こうした試みとして**職種別採用**や**多様な正社員**という厚生労働省の政策に基づいて導入された**勤務地限定正社員**が挙げられます。

ただし、それでは職種別採用や勤務地限定正社員が現在企業の人事制度の中心的な位置を占めているかと言えば、必ずしもそうではありません。まず職種別採用は、従業員を職種毎に育成し、彼らの専門性を高めることが期待されていましたが、現実には**職種別労働市場**が形成されている訳ではないので、採用の対象となるのはもっぱら新規学卒者です。その為、適性発見の為に入社後数年経過した段階で「他職種への移動」が留保されているのが一般的です。即ち人事権の所在は、職種ではなく本社人事部に帰属するのです。とすれば、職種別採用は、新規学卒採用における応募者への「見せ球」というのが実情ではないでしょうか。

また日本の企業では広域の**転勤**が行われてきた為、早い段階から転勤を免除する代わりに昇進の上限が存在するという**勤務地限定制度**が導入されましたが、勤務地限定正社員は（重なる部分はありますが）勤務地限定制度と同義ではありません。勤務地限定正社員は、採用自体が特定事業所を対象に行われる為、当該事業所が閉鎖された場合解雇できることが期待されていました。しかし、実際には事業所が閉鎖されても、**整理解雇**が直ちに有効になる訳ではありません。整理解雇の判例法理は**事業所（勤務地）限定正社員**にも適用され、企業は配置転換等通常と同じ解雇回避努力をしなければ、整理解雇は有効とみなされないのです。

従って、現在議論されているジョブ型も、過去の人事制度改革が直面したのと同じ問題に直面するでしょう。しかも「ジョブ（職務）」は、「職種」や「勤務地」に比べてより一層対象が限定されるので、なおさら大変なことは容易に想像がつきます。日本的雇用制度との関係でジョブ型を論じる場合は、少なくとも次の諸点を考慮する必要があるでしょう。

ジョブ型雇用の問題点

まず第1に、ジョブ型雇用の日本的雇用制度への受容可能性が重要です。ジョブ型雇用は同一労働同一賃金に留まらず、日本の労働市場に定着している**新規学卒採用**に影響せざるを得ません。なぜなら、ジョブ型では採用の対象は、あくまで当該職務に対する要件を充足するという**エンプロイアビリティ**の有無ですが、新規学卒者にエンプロイアビリティを期待することは困難です。その結果、既卒者の中途採用が増大し、新規学卒採用から派生する配置・異動管理や人事部門の機能にも影響することは避けられないのです。

また、ジョブ型＝職務給を前提すれば、「昇給＝職務の変更」となり、**定期昇給**のあり方も変わらざるを得ないでしょう。さらにジョブ型になると、「高年齢者が若年層の椅子を占拠する」という形で**高年齢者雇用**にも影響するのではないでしょうか。

第2点として、欧米の現地法人である外資系企業は当たり前にジョブ型が機能していると考えられますが、こうした「当たり前ジョブ型」は「メンバーシップ型」とは如何なる点が異なるのでしょうか。

第3点ですが、「無限定性」から「限定性」を求める人事制度改革は、これまで述べた如く整理解雇を制約する判例法理とは整合的ではありません。ジョブ型雇用は整理解雇を抑制しながら配置転換における使用者の裁量を広範に認める判例法理と、果たして整合的足りえるのでしょうか。

さらに以上の3点の他にも、**公務員の定員制度はジョブ型とは異なるのか、ジョブ型でエンプロイアビリティが重視される様になると、新規学卒採用基準が変更され、ひいては大学の役割も見直されていくのか、**ジョブ型雇用には職務記述書が不可欠と言われるが、定型的な職務はともかく**裁量的な仕事で職務記述書を準備できるのか、ジョブ型雇用が職場のチームワークを阻害することはないのか、**といった点も重要だと思われます。

これまで、ジョブ型雇用に関する様々な論点を整理しました。そこで、ジョブ型雇用が導入されるとすれば生じるだろうこうした諸点を明らかにすべく、「ジョブ型VSメンバーシップ型」というテーマで、今回シンポジウムを企画した次第です。

あらためて、ジョブ型雇用とは

以下、これまでの議論を踏まえつつ、ジョブ型雇用の諸側面を記したいと思います。

第1は**同一労働同一賃金**です。2020年に施行された働き方改革関連法により、企業は同一労働に従事している限り正規、非正規という雇用形態の如何を問わず、同一の賃金を支払わなければなりません。こうした同一労働同一賃金を実現するための一つの手段が、同一職務を同一労働に見立てる、ジョブを基調にした賃金制度です。

第2点は、**職務の喪失＝雇用の喪失**です。職務喪失の代表的な例は、工場閉鎖であり、アメリカであれば雇用は職務に対して行われるので、その喪失はレイ・オフ（一時解雇）を意味します。他方日本企業では、メンバーシップの維持が最優先なので社内の配置転換によって雇用は維持されます。実際、日産自動車村山工場が閉鎖された際は、労働組合と人事部門の協議によって一部例外を除いて雇用は維持されました（八代他編、2021）。

さらにジョブ型雇用に関わる第3の側面は、**昇進＝職務価値**（**職務等級**）**の変更**です。

職能資格制度を前提にすると、**昇格≠昇進**であり、役職昇進とは別に資格昇格が従業員に対するインセンティブとなり得ます。この場合、賃金は役職ではなく資格で決まるので、昇進しなくとも昇格すれば昇給が可能です。他方先述した「当たり前ジョブ型」の外資系企業では、昇進とは現在よりも上位の職務等級（即ち価値の高い職務）への異動なので、上位等級の職務に空席が存在することが昇進の必要条件です。また、ジョブ型では賃金は職務給であり、**昇進＝昇給**なので、昇進しなければ昇給もままなりません。しかもジョブ型は職種別労働市場と連動しているので、「人事部長のポストに空きがないから、企画部長にして、いずれ人事部長に戻す」といった人事異動はありません。その結果当該企業で昇進の機会が閉ざされると、それは即転職につながるのです（八代、2021）。

第4点は、**仕事の縄張り**についてです。アメリカでは**テーラーリズム**によって従業員の仕事は職務という形で狭く限定し、労働組合の側も**ジョブ・コントロール・ユニオニズム**という形で仕事の縄張りを受け入れてきました。他方、日本の企業別労働組合は、仕事が変わらなければ賃金が上がらない職務給より、査定を受け入れても定期昇給が可能とする職能給の受け入れを選択しました（熊沢、1997）。果たして企業別労働組合は、ジョブ型雇用をどの様に評価するのでしょうか。

以上は、あくまでも筆者の観点から見たジョブ型vsメンバーシップ型の論点であり、本書の核心は、言うまでもなく、本章に続く各章にあります。1章から5章の力作の論稿を是非堪能して下さい。第1章（清家篤氏）は労働経済学、特に人的資本理論の観点からジョブ型雇用を理論的に検討します。第2章（濱口桂一郎氏）は労働法の立場から、ジョブ型雇用が目新しいものでは決してないことを指摘しています。第3章（中村天江氏）は、企業の人材獲得能力やキャリア形成のオーナーシップという視点から、ジョブ型雇用を論じています。第4章（植村隆生氏）は、国家公務員にもジョブ型雇用の導入が図られたことを論じています。第5章（山本紳也氏）は、実務家の観点からジョブ型導入のモチベーションを取り上げています。終章ではシンポジウム当日の議論の触りを紹介しているので、ご参照下さい。

最後に一言、本書をお読みになると分ると思いますが、ジョブ型雇用に関するトーンは各章で微妙に異なります。日本的雇用制度の良さが失われてしまうのではないか、という懸念が示される一方、グローバルではジョブ型が主流の企業が多く、人材獲得競争の観点からジョブ型を取らなければならないことが指摘されています。或いは働き手から見ると募集に際して仕事を明示するジョブ型の方が新規学卒者、中途採用者共に支持されることもあるでしょう。日本的雇用と言っても民間と公務員は異なります。ジョブ型とメンバーシップ型とは2項対立ではなく、ハイブリッドなのかもしれません。そもそもジョブ型は新しいものだという認識が誤りで、有期雇用を中心に、既にジョブ型が機能している部分も存在します。是非各章のトーンの違いを不協和音とは捉えないで下さい。本書の基本的な立場はジョブ型雇用に関する様々な側面を皆さんに提示して、皆さんの選択肢を増やすことにあるのです。視点は「多様」でも、決して「拡散」はしていないと確信しています。

それではこれから読者をジョブ型vsメンバーシップ型の世界に誘いたいと思います。

―注―

（1）日本生産性本部（2019）によれば、管理職層では78・5%、また非管理職層でも57・8%の企業が役割・職務給を導入しているということです。

―参考文献―

熊沢誠（1997）『能力主義と企業社会』岩波新書。

鶴光太郎（２０１６）『人材覚醒経済―日本再生への岩盤突破』日本経済新聞出版社。

日本生産性本部（２０１９）『第16回日本的雇用・人事の変容に関する調査』日本生産性本部。

濱口桂一郎（２００９）『新しい労働社会―雇用システムの再構築へ』岩波新書。

濱口桂一郎（２０２１）『ジョブ型雇用社会とは何か―正社員体制の矛盾と転換』岩波新書。

八代充史（２０２１）「転職と雇用制度―米系大手多国籍企業日本法人勤務経験者のインタビューを通じて」日本労務学会第51回全国大会報告。

八代充史他編（２０２１）『日産・ルノーアライアンス　オーラルヒストリー―グローバル提携時代の雇用・労使関係』慶應義塾大学出版会。

第1章

ジョブ型雇用の経済分析

清家　篤

日本私立学校振興・共済事業団理事長／慶應義塾学事顧問

1　ジョブ型雇用で本当に大丈夫か

「ジョブ型雇用」という言葉は、最近では労働に関係する者に限らず一般の人口にも膾炙するようになっています。日本経団連が2020年の「経営労働政策特別委員会報告」で、日本の雇用制度をジョブ型に転換すべきであると主張したこともあり、春闘の重要テーマの一つにもなっています。こうしたことを受けて、一部のメディアなどでも、ジョブ型雇用をもてはやす向きも出てきています。

このジョブ型雇用という概念は、日本的雇用制度慣行、とくに濱口桂一郎氏がその著書で「メンバーシップ型雇用」として特徴付けられたそれに対する対置概念と考えられます（濱口（2008））。それについての本格的議論は本書の濱口氏執筆の章に譲るとして、私は自分の専門分野およびこれまで経験してきた研究活動などの視点から、「本当にジョブ型で大丈夫なのか」、という問題提起をしてみたいと思います。議論を明確にするためにここでは、ジョブ型雇用を、「仕事内容は職務記述書によって規定され、その職務内容に応じて賃金を支払われ、転勤や業績評価などのない雇用形態」と定義します。他方、日本的雇用制度慣行は、「社員を学卒一括採用し、企業内で教育訓練し、その成長度合いに応じて能力や成果を評価し、賃金はその評価や生計費などに応じて支払う結果、（年齢・勤続により格差は拡大しても）平均値では年功的に上昇し、また転勤や配置転換なども行いつつ定年まで雇用を続ける」制度と考えます。

こうした定義の下で私は、第一に長年慣れ親しんできた分析用具である労働経済学の視点、第二にこれも長年研究対象としてきた高齢化の経済分析という視点、そして第三にたまたま最近参加したＩＬＯ仕事の未来世界委員会の視点、という3つの視点から、ジョブ型雇用で大丈夫かということを考えてみたいと思います。

2　ジョブ型雇用と労働市場

日本的雇用制度慣行をジョブ型雇用に転換したときに、もっとも心配されるのは、これまでの日本の労働市場の高いパフォーマンスが失われてしまうのではないか、ということです。そのパフォーマンスの最も重要な指標は失業率です。これは働く意思のある人の能力をどれだけ活かしているかいないかを示すものです。

〔図表１-１〕先進国の若者（15〜24歳）失業率（2018）

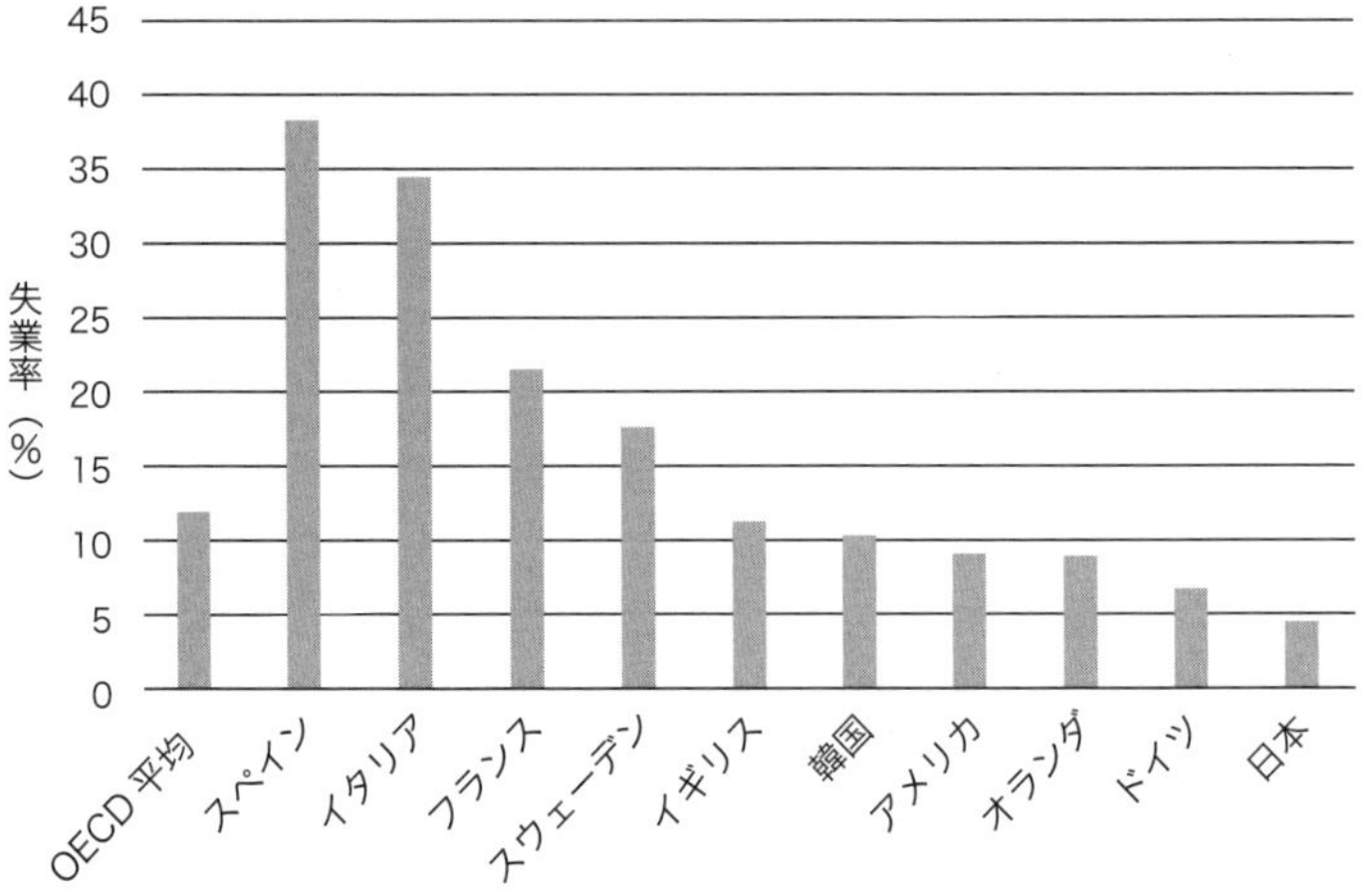

資料出所：OECD Stat.（May 13, 2019）

この点で日本は先進国でもっとも良好な成績を残しています。とくに重要なのは若者の失業率の低さです。

〔図表１-１〕はこれを示すものです。この図から分かるように、15歳から24歳の若年失業率は、ＯＥＣＤ諸国の中でも断トツの低さとなっています。他の国々は若年失業の高さに苦しんでおり、逆に日本ではこの若い人たちの低い失業率が、失業率全体を低く抑えることにも大きく貢献しています。

これは学卒一括採用制度のお蔭といっても過言ではありません。企業は仕事経験のない学生を在学中に採用選考し、学校卒業と同時にまとめて一括採用しています。こ

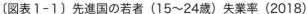

の仕組みによって、学生の方は在学中に求職活動を行い、卒業後直ちに就職できるため、ほとんどの若者は失業期間を経ずに就職できるわけです。このことの恩恵は計り知れません。

そうした未経験の若者は企業内で能力開発の機会を与えられ仕事能力を身に付けていきます。職業人生最初の時期に基本的な仕事能力を身に付けることのできる仕組みです。つまり日本的雇用制度慣行のもとで、若者は失業を経ずに職に就き、かつ基礎的な職業能力を身に付けるという、若者にとってまことに有り難い仕組みになっているわけであり、これはそうした若者自身だけでなく、日本の経済全体にも好ましい効果をもたらしていることは間違いありません。

これに対してとくにヨーロッパなどでは、若者は学校卒業後に求職活動を始めます。このためこの期間は統計の定義上も必ず失業者となるわけです。しかも企業の採用は定期採用よりも空席補充を基本とするため、空席となった仕事を直ぐに遂行できる人を優先的に採用しますから、仕事経験のない若者はどうしても後回しになってしまいます。ちなみにヨーロッパでは１９８０年代に、若者の失業を減らすために高齢者の引退を促進したりしましたけれども、効果はありませんでした。

〔図表1-2〕大学生の就職（内定）率

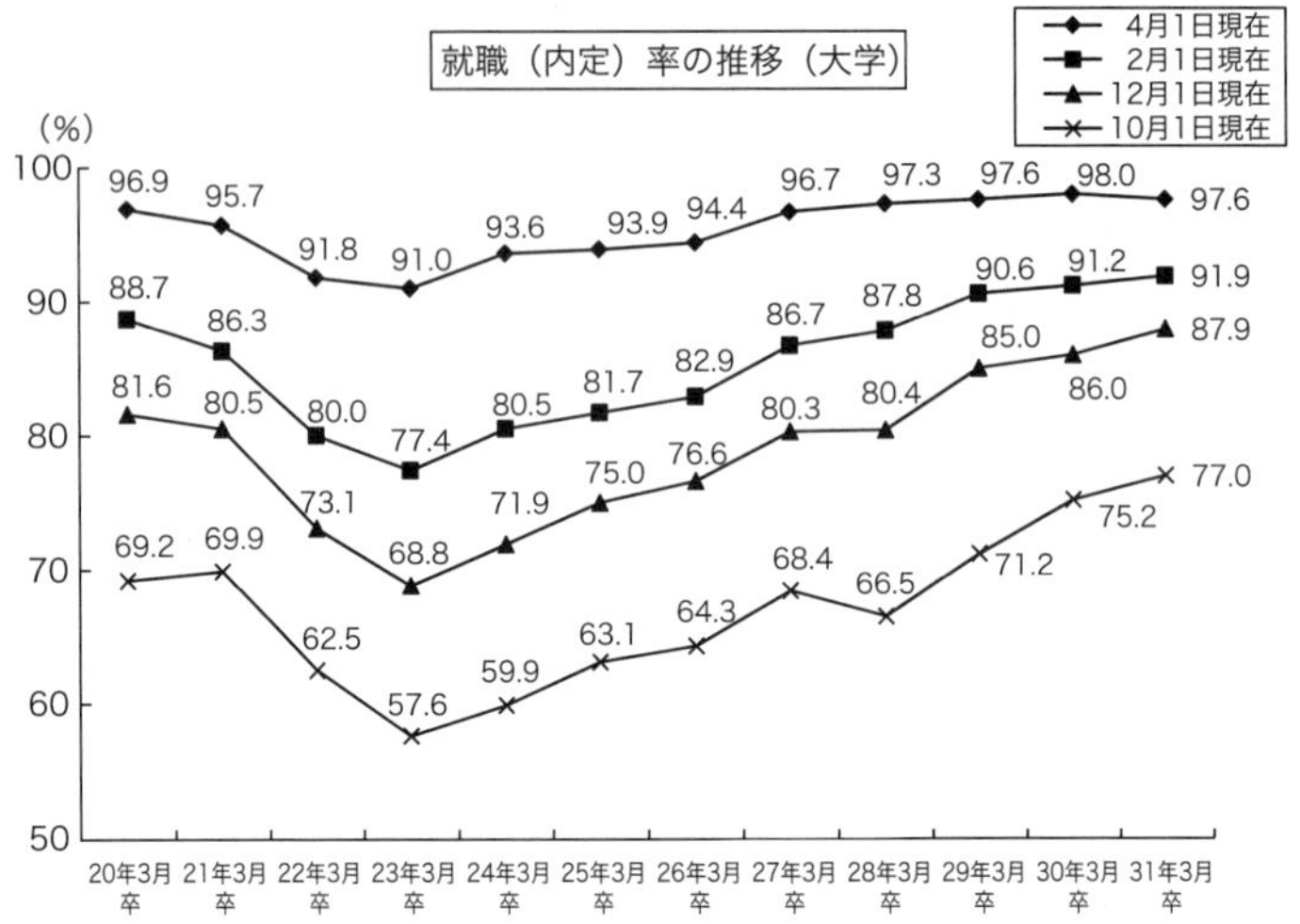

資料出所：文部科学省「平成30年度大学等卒業者の就職状況調査」（4月1日現在）（2019）

若い人たちの失業率が低いということの効用は、経済的な側面だけにとどまりません。大切な職業人生の始まりに失業を経験しないで済むということは、個人の人生にとって幸せなことであることは言うまでもありません。そしてそれは社会的・政治的安定などのためにも極めて重要なものです。

もちろん学卒一括採用制度では、卒業時に就職できないと、その後良好な雇用機会に就職し難くなってしまう問題もあります。しかしだからといって、学卒一括採用を止めるというのは本末転倒でしょう。〔図表1-2〕は大学卒業生の就職状況を見たものです。この図にあるように、日本では大学生の場合、2019（平成31）年には卒業直後の4月1日には97・6％が就職を決めています。残りの2％余りの人の問題解決のためにメリットの多い仕組みを止めるというのは如何なものでしょうか。

そうなれば、学卒一括採用によって就職できていた97・6％の若い人たちも卒業後すぐに失業者となるリスクを負うことになってしまいます。むしろ残りの2％あまりの人も学卒採用の対象となるよう、卒業後も数年間は学卒採用の対象とする、といった救済措置を講じるべきでしょう。日本的雇用制度慣行は、この学卒一括採用という仕組みによって、若者の低い失業率という、きわめて大きなメリットを労働市場にもたらしています。ジョブ型雇用ではすでにその仕事をする仕事能力のある経験者優先になりますから、このメリットは失われてしまいます。

3　ジョブ型雇用と人的資本投資

大きな労働市場レベルでのジョブ型雇用の問題は以上のようなものであるとして、次にミクロの企業レベルではどうでしょうか。ここでまず懸念されるのは人的資本投資への影響です。とくに企業内での人的資本投資、すなわち企業による教育訓練という能力開発への影響は無視できないと考えられます。

個人の仕事能力を高める教育訓練は、経済学的には「投資」活動として捉えられます。投資ですから、個人であれ、企業であれ、投資主体は投資のために要する費用を上回るような投資収益（経済学的に正確に言うならばその割引現在価値）を得られるならば投資を実施することになります。

そして企業内で行われる教育訓練という形での人的資本投資の場合、投資費用の負担と投資収益の配分は、企業と教育訓練を受ける労働者とで分ち合います。つまりその人的資本投資の費用の一部分は企業によって、他の部分は労働者によって負担され、一方でその収益の一部は企業に、そして他の部分は労働者に配分されることになるのです。これを理論的に明解に示したのが、シカゴ大学のゲーリー・ベッカー教授にノーベル経済学賞をもたらした名著*Human Capital*で、これは慶應義塾大学の佐野陽子教授によって翻訳され、『人的資本』というタイトルで出版されています（Becker（1964）、ベッカー（佐野訳、１９７６）。

ポイントは企業内で人的資本投資の行われる場合に、企業と個人とで費用の分担と収益の配分をどうするか、という点です。ベッカー教授はそれを決める基準は、人的資本投資によって得られる熟練が、その企業でのみ役立つfirm-specific skill、即ち企業特殊的熟練であるか、どこの企業でも役立つgeneral skill、即ち一般的熟練であるかによる、と説明しています。企業特殊性の強い人的資本ほど企業の費用負担も収益配分も多くなります。逆に一般的熟練を身に付けるような人的資本投資ほど個人の費用負担と収益配分は多くなります。

そしてその費用負担、収益配分に差はあるとしても、少なくとも投資費用の一部を負担した企業は、それを上回る収益を得なければなりません。人的資本投資をした個人には投資終了後にその企業で働いてもらわねばならず、すぐ転職するような人に投資はしません。つまり企業内教育訓練には必ず一定の雇用期間は必要となるのです。

ではジョブ型雇用の場合この企業内での人的資本投資はどうなるでしょうか。まず熟練の種類について、ジョブ型雇用は仕事の内容を明示してその仕事のできる人を雇用するというものですから、必要とされる能力は一般的な熟練である場合から考えてみましょう。まずどこの企業でも役に立つような完全な一般的熟練形成のための人的資本投資の費用を負担する動機を個別企業は持ちません。その仕事能力は全て働く個人自らの費用負担によって身に付けなければならないことになります。

ただし多くの熟練は、少なくともその一部は働く企業でのみ役に立つような企業特性を持っていますから、それは企業内の教育訓練で身に付けなければなりません。またどこの企業でも役に立つような完全に一般的な能力であっても、仕事能力は仕事を通じてのみ身に付けられるものも少なくないので、それは企業内での教育訓練で身に付けるということになります。つまり一般的熟練にも企業内の教育訓練は必要なのです。

そこで理論的には、企業内の教育訓練で一般的な熟練を身に付けようとする個人は、その費用を安い賃金、場合によってはタダに近い賃金で働くという形で負担をすることになるでしょう。たしかにそうした形態はかつての徒弟制度などには見られたかもしれませんが、少なくとも現在では、人的資本投資中であるからタダ働きさせても良いといった雇用契約は、法的に認められるものではないでしょう。

この点に関連して興味深いケースは、日本の大企業などで社員を海外のビジネススクールなどに留学派遣する場合の慣行です。ビジネススクールの教育の内容はどこの企業でも役立つ典型的な一般的熟練形成ですから、企業はもともと費用を負担する動機を持っていません。しかし以前は日本の大企業は、社員の留学中の給与（機会費用）はもちろん、授業料や寮費（直接費用）なども丸抱えで負担していました。これは転職が稀だったので、留学終了後も元の企業に戻って働き続けるのが普通であり、企業もその投資収益を回収できたからです。

しかし今や、日本の大企業でも社員の転職は例外的事例ではなくなり、企業にとって社員を費用丸抱えで海外留学させるリスクも無視できなくなってきました。そこで留学から帰った後に転職したら留学費用を返済するという誓約書を書かせるといったことを行った企業もあるようですが、これは公序良俗に反する契約で無効とされています。そこで次に導入されたのは奨学金という形での貸付けで、留学中の給与や授業料・滞在費用などは企業から奨学金の形で当該社員に貸付けるというものです。貸付けですから返済義務を負いますが、もし留学終了後一定期間内に転職などしなければ、つまり企業に投資収益回収期間を確保させるなら、その奨学金は返済不要とするとして、引き留めを図るというようなやり方です。

いずれにしても、ジョブ型雇用のジョブの内容が、一般的熟練であるならば、その費用負担のありかたは、理論的にも実務的にもやっかいなものとなりそうです。他方もしその内容が、企業特殊的熟練であるなら、それを身に付けるための人的資本投資の費用の少なくとも一部は企業負担となり、企業は必ずその費用を回収するために、投資終了後も当該従業員には、少なくとも投資回収に必要な一定期間は働き続けてもらい、賃金も訓練中は低く、訓練後は高くなるという形で年功的になると考えられます。こうなると、日本的雇用制度慣行と変わりなく、先に定義したジョブ型雇用ではなくなってしまいます。少なくとも企業内での教育訓練ということを考えると、ジョブ型雇用では人的資本投資はどうなるのか、心配なところです。

もちろん今注目されているIT人材であるとか、芸術的、あるいは学術的能力で仕事をするような人材は企業外での人的資本投資によってその能力を獲得し、高められるでしょう。しかし多くの仕事を通じて身に付けるような仕事能力、その企業でとくに役立つような仕事能力については、企業は人材を企業内で教育訓練（人的資本投資）して育成しなければなりませんから、日本的雇用制度・慣行はメリットを持ち続けるでしょう。ペンシルバニア大学のピーター・キャペリ教授の言うように企業の要する人材には買う（buy）ことのできるものと、作る（make）ものと両方あり、ジョブ型雇用の人材は買えますけれども、他企業と競争の上で差別化できるような、その企業に特有の仕事能力を持った人材は育成（make）するしかないので、少なくともジョブ型雇用一辺倒で大丈夫ということはなさそうです（Cappelli（2009））。

4　ジョブ型雇用と企業帰属意識

ジョブ型雇用と日本的雇用制度慣行とで大きく異なるのは、企業と個人との関係です。日本的雇用制度慣行では企業と個人の一体性は強く、ジョブ型雇用ではそれは弱いと言えます。それは、もともと日本的雇用制度慣行は濱口氏が「メンバーシップ型」とまことに見事にネーミングされたように、個人は企業のメンバーとして一体性を強めるように作られてきたからです。

日本の企業は意図的にこうした仕組みを構築してきたことは、一橋大学の尾高煌之助教授の『労働市場分析』に示された実証分析などによって明らかになっています。それによれば、第一次世界大戦後、日本で重化学工業化の進展した時期、日本の大企業は海外からそれまで日本に無かった技術を本格的に導入しました。しかし日本に無かった技術ですからそれを扱うことのできる労働者を企業外から雇用することはできません。そこで優秀な少年（当時は貧しいため優秀でも上級学校に進学できない少年は多かったので）を採用し、企業内の学校などに通わせて一般の教科も教えつつ技術を習得させる「養成工」という制度を作ったのでした。企業内で学校教育まで受けさせて養成するわけですから、その費用は大きなものとなり、企業にとって最大のリスクは、教育訓練終了後にそうした労働者に離職されてしまうことです。日本人も、もともと企業に強い帰属意識を持っていたわけではなく、日本の労働者は労働条件次第で企業を渡り歩く「渡り職人」といった人たちも多かったため、明治期に日本の実態を見た欧米人はこれを日本の労働者の問題であると報告していたほどだったそうです。そこで簡単に離職しないように、長く勤めるほど賃金の高くなる年功賃金制度や、定年まで勤めあげれば多額の退職金を支払う定年退職金制度などを作って、従業員の定着を図ったことを、尾高教授は実証的に示しています（尾高（1984））。

これを経済理論的に厳密な形で示したのがスタンフォード大学のエドワード・ラジアー教授でした（Lazear（1979））。〔図表1-3〕はその理論を説明するものです。詳しい説明はここでは致しません（興味のある読者は図表の出典に示されている清家・風神（2020）の第7章をご覧ください）けれども、そのポイントは、労働者個人は雇用期間の前半は生産能力よりも低い賃金を受け取り、後半は生産能力よりも高い賃金を

〔図表1-3〕年功賃金制度の性格

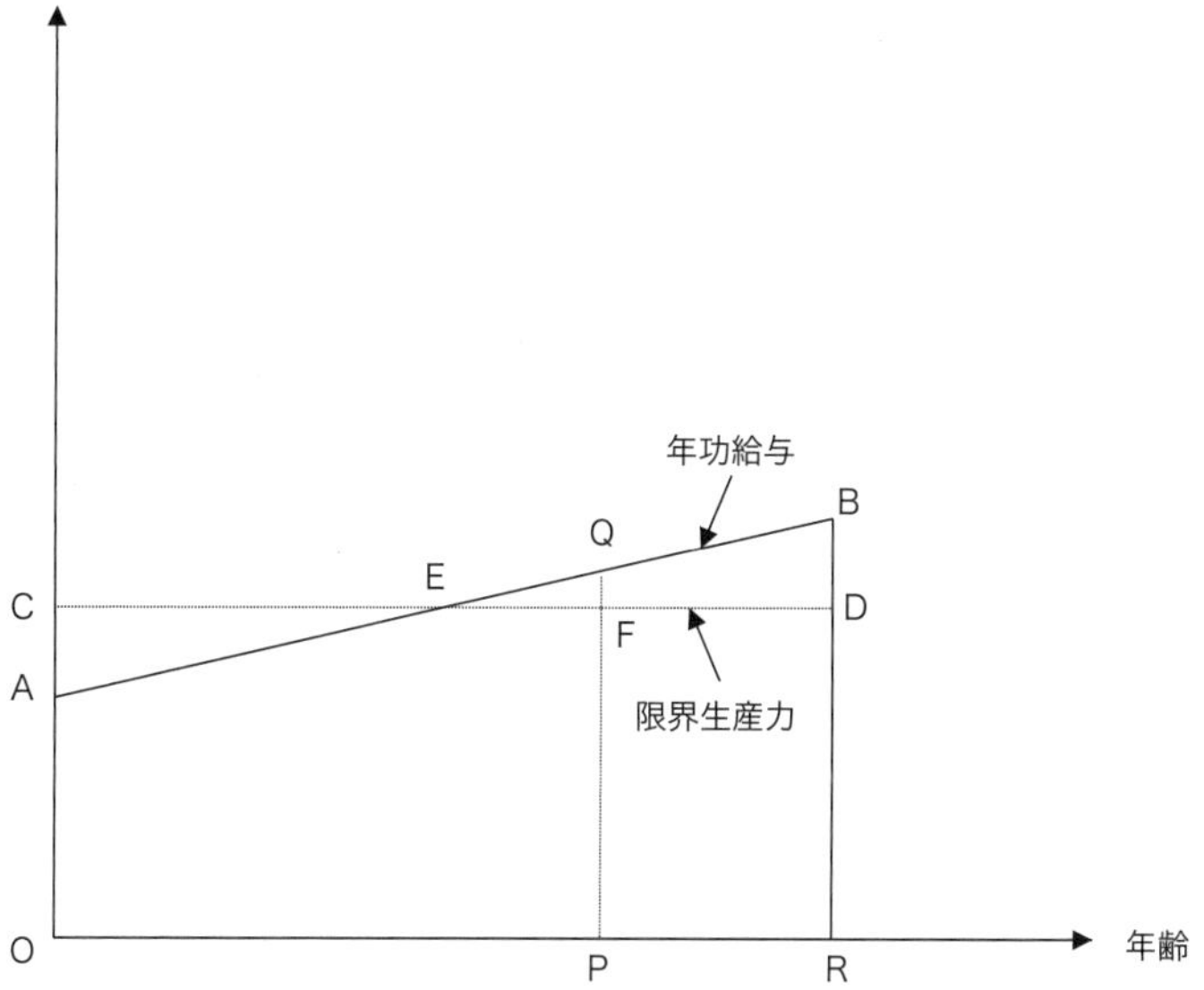

資料出所：清家・風神（2020）156頁の図7－5より転載

受け取るということです。ラジアー教授はこれを、労働者は雇用期間前半で図の△ACEだけのdeposit、即ち預け金を預け、これを雇用期間後半に△EBDという形で返還してもらう、という風に説明しています。

労働者は定年まで勤めてちょうど預けたお金を返還してもらえるわけですから、定年以前に問題を起こして解雇されると、それ以降の返還分は放棄しなければなりませんし、また定年までに会社が潰れてしまったりしても返還不能になります。そこで労働者は解雇されたり企業業績も不振になったりしないよう一生懸命働くわけです。先に説明したベッカー教授の理論は人的資本理論投資の視点から、そしてこのラジアー教授の理論は帰属意識強化の視点から年功賃金は説明できることを示しています。

そこでジョブ型雇用をこの視点から見ると、ジョブ型雇用では基本的には賃金は固定です。職務記述書に定義された職務に対応して賃金は定められ、原則として業績評価などもないわけですから、ジョブ型雇用で働く労働者の賃金は、そのジョブを遂行している限り変化しません。ジョブ型雇用の賃金はジョブと結びついており、従業員という個人と結びついているものではないわけですからこれは当然です。ジョブ型雇用では、ラジアー理論の示すような帰属意識を高めることはできません。

それゆえジョブ型雇用で働く労働者には、企業のために一生懸命働く動機は生まれにくいわけです。企業にとって本当にこれで大丈夫なのでしょうか。日本の企業の強みは、労使協調して生産性を向上させ、その成果を労使で分かち合ってきたところにありました。この点では、ベッカー教授の人的資本理論からも、ラジアー教授の企業帰属理論からも、日本的雇用制度慣行のメリットは大きいと言えます。

5　ジョブ型雇用と女性や高齢者の就労促進

もちろんジョブ型雇用に期待したい点もあります。例えば女性や高齢者の就労促進という点です。これから日本は本格的な少子高齢化の進展によって労働力人口が激減します。〔図表1-4〕はこれを示すものです。この図の上半分に示されているように、これから何もしないと、日本の労働力人口は2017年の6700万人強から2040年には5500万人を割り込むところまで大幅に減少してしまう、と厚生労働省の雇用政策研究会は予測しています。

そこで少子高齢化の下でもできる限り労働力を確保するようにしなければなりません。それには、現在はまだ十分に労働力化していない女性や高齢者の労働力率を高め、女性や高齢者の労働力人口を増やすことはきわめて重要です。〔図表1-4〕の下半分には、そのシナリオにもとづく推計値を示してあります。

もし30歳代の女性の労働力率を現在の75%程度から2040年に90%近くまで上昇させられたら、そして60歳代前半と後半の男性の労働力率を現在のそれぞれ80%台前半と

〔図表1-4〕労働力人口の見通し

年	2017年実績値	2025年予測値	2040年予測値
労働力参加の適切に進まないケース			
労働力人口	6720万人	6341万人	5460万人
女性30歳～34歳の労働力率	75.2%	76.1%	76.1%
女性35歳～39歳の労働力率	73.4%	74.5%	74.7%
男性60歳～64歳の労働力率	81.7%	81.7%	81.7%
男性65歳～69歳の労働力率	56.5%	56.5%	56.5%
労働力参加の適切に進むケース			
労働力人口	6720万人	6673万人	6195万人
女性30歳～34歳の労働力率	75.2%	81.5%	86.3%
女性35歳～39歳の労働力率	73.4%	83.5%	92.0%
男性60歳～64歳の労働力率	81.7%	85.0%	89.4%
男性65歳～69歳の労働力率	56.5%	62.7%	71.6%

資料出所：厚生労働省雇用政策研究会（2019）

50%台半ばから、2040年にそれぞれ90%近くと70%程度にまで上昇させられたなら、2040年の労働力人口は何もしない場合の5500万人を割り込むところから、6200万人弱の水準を維持できるところまでに改善できます。

そこでまず女性の就労促進について考えると、ここではジョブ型雇用は優位性を発揮できるでしょう。女性の場合は子育てのために職業人生の途中で一旦退職することも少なくないため、途中で退職すると不利になる日本的雇用制度慣行の年功賃金は、就労促進の阻害要因となります。また日本的雇用制度慣行では受け入れなければならない転勤も、女性の場合子どもを置いて単身赴任などはし難いでしょう。ジョブ型雇用であれば一旦退職してまた元のジョブに戻れば仕事も変わらず賃金も下がりませんし、転勤もありません。

高齢者の就労促進にもジョブ型雇用はそのメリットを期待できます。高齢者の就労を阻害する大きな要因の一つは定年退職制度で、筆者と慶應義塾大学の山田篤裕教授との共同研究でも、60歳代の男性の就労確率は、定年退職を経験すると他の条件一定のもとで約18％ポイント低下することを示しています（清家・山田（2004））。また定年後も働き続ける場合には賃金も大幅に低下します。こうした問題を伴う定年退職制度は、日本的雇用制度慣行には不可欠の要素となっています。

ちなみに先に紹介したラジアー教授の経済分析は、もともと年功賃金であるから定年は必要だ、ということを論証するものであり、職務記述書によって賃金も固定されているようなジョブ型雇用では、少なくとも理論的には定年は必要ありません。定年後に賃金が下がるということもありませんから、働く意思のある高齢者の蓄積している仕事能力を十分に活用するためにジョブ型雇用は大きなメリットを持っている、と言ってよいでしょう。

もともとジョブ型雇用は、すでに仕事能力を身に付けている中高年には好ましい働き方となりえます。またその仕事能力を身に付けるための人的資本投資の費用を負担した企業にとっても、投資収益を回収した後の中高年であれば転職されてもダメージは少ないわけです。つまり人的資本投資の費用負担、収益配分の終了した中高年になれば、ジョブ型雇用は人的資本投資を阻害することもありません。

一方で、仕事能力をまだ十分身に付けていない若者にとっては、先に述べたように、ジョブ型雇用では企業は個人の能力開発費用を負担する動機は持ちにくいので、これは好ましい働き方とは言えません。つまり、ジョブ型雇用は、中高年向きであり、若者向きではないということになります。またジョブ型雇用は職務記述書で仕事内容を細かく決められていますから、固定的な、変化の無い仕事を好む人には望ましいものです。逆に変化に富む、あるいは仕事を通じて自ら成長したいというような人には、望ましい働き方とは言えないでしょう。

6 仕事の未来世界委員会報告から見たジョブ型雇用

さて以上で吟味してきたようなジョブ型雇用は、これからの未来の仕事のあり方という視点から、どう評価されるでしょうか。ここではそれを、ＩＬＯ（国際労働機関）がその創立１００年を記念して組織した「仕事の未来世界委員会」報告書を参照して考えてみましょう。よく知られているように、ＩＬＯは第一次世界大戦とロシア革命を受けて、「労働条件改善を通じて社会正義を基礎とする世界の恒久平和」を目指して１９１９年に創設された、現存するもっとも古い国際機関の一つです。政労使の三者構成による点でも珍しい国際機関です。

「仕事の未来世界委員会」は世界中から25名ほどの専門家を集めて構成され、私自身もその一人として参加して２０１７年から２０１８年にかけて4回にわたり議論を行いました。そこではＩＬＯの創立理念をHuman Centered 即ち「人間中心主義」として再確認し、明るい仕事の未来を実現するための提言をまとめました。その際のポイントは未来に向けて、先進国の少子高齢化や途上国の人口爆発などの人口構造の変化、ＩＴ化などの技術構造の変化、グローバル化などの市場競争構造の変化、そして温暖化などの地球環境の変化といった大きな構造変化のもとで、より良い仕事を実現するにはどうしたらよいか、ということでした。

報告書ではそのために、

（1）人間の潜在能力への投資（investment in people's capabilities）
（2）仕事に関わる制度枠組みへの投資（investment in the institutions of work）
（3）尊厳ある持続可能な仕事への投資（investment in decent and sustainable work）

という三つの分野での投資促進の重要性を指摘しました。このような投資を促進することで、これからの構造変化の時代にも、仕事の未来を輝かしくすることはできると提言したのです（ILO Global Commission on the Future of Work（2019））。

この三つの投資促進ということに照らしてみると、第一の人間の潜在能力への投資ということについては、すでに見てきたようにジョブ型雇用は、とくに若者の人的資本投資という観点からは必ずしも望ましくない、ということになるでしょう。ただし報告書は長寿社会や技術革新に対応するためにリカレント教育の重要性も強調しています。リカレント教育を受けて、より高い水準の「ジョブ」にステップアップできるようになるのであればジョブ型雇用にも期待できるかもしれません。

二つめの、仕事に関わる制度枠組みへの投資ということに照らしてみると、ジョブ型雇用には良い点もあると思います。日本的雇用制度慣行の問題の一つは、配置転換や転勤などで次にどんな仕事をさせられるのか不明で、個人の将来は企業に「お任せ」というところにあります。しかしジョブ型雇用では、職務内容は職務記述書に細かく定義されており、賃金も決められているので、どんな仕事をどんな条件でするかについての透明性は高く、また企業から業績評価されたりすることもないため、労働者の自律性を守り易い制度でもあります。

三つめの尊厳ある持続可能な仕事への投資ということに照らしてみるとどうでしょう。まず仕事の持続可能性という点では、決められた仕事を決められた通りやり続けるという、仕事内容の固定的なジョブ型雇用はリスクの高いものと言えるでしょう。大きな構造変化の時代には仕事の内容も大きく変化しますから、固定的な職務だけをして職業生涯を全うするというのはますます難しくなるでしょう。伝統的な職人仕事などを除いては、一つのジョブの持続可能期間は短くならざるを得ません。

日本的雇用制度慣行であれば、仕事内容の変化に応じて、企業内で能力再開発を行うこともできます。また技術や市場の構造変化に対応して、企業自体の事業構成も変化可能ですから、その中で仕事能力を再構築しつつ雇用を守っていくこともできます。

他方どんな仕事を尊厳ある（ディーセントな）仕事と考えるかは、人によって違うかもしれません。個人の自由や生活との調和という観点からは、企業から干渉されることの少ない、自律的に仕事をすることのできるジョブ型雇用のほうが良いかもしれません。しかし仕事の内容の固定的なジョブ型雇用では、仕事を通じて成長することは実現しにくいでしょう。職業人としてもまた個人としても常に成長していきたいと考えているような人には、ジョブ型雇用は尊厳ある仕事とは言えないかもしれません。これは価値観にかかわることですので、ジョブ型雇用と日本的雇用制度慣行どちらも、選択可能であれば良いということかもしれません。

このように「仕事の未来世界委員会」の報告書に照らしてみても、将来の仕事のありかたとして、ジョブ型雇用、日本的雇用制度慣行それぞれ一長一短ではあると思います。ただ一つ言えることは、ジョブ型雇用だけでよい、ということはなさそうだということです。ありきたりの結論になるかもしれませんけれども、両者の良きバランスをどうとるかでしょう。それは最終的には労使で決めることになります。

7　相対的に考える

人類の発展、とくに経済社会の発展は、その社会の有する人材、すなわち人的資本によるところの大きいものであることは歴史の示すところです。日本は素晴らしい人的資源に恵まれているという点で、世界的にも優位性を持っているわけです。このことは近代史においても見事に証明されています。

この点でカリフォルニア大学のジャック・ハーシュライファー教授による、第二次大戦後の日独の復興についての洞察は示唆に富んでいます（Hirshleifer（1987））。よく知られているように、日本もドイツも第二次世界大戦では、アメリカの戦略爆撃を受けて、建物や機械設備などの「物的資本」は壊滅的な打撃を受けました。しかし、もちろん戦争による人的被害はあったものの、日本やドイツの人材、すなわち「人的資本」はかなり残っていました。

この残存した人的資本のお陰で、日本もドイツも、予想よりずっと早く、しかも高いレベルへの復興を遂げられた、ということです。つまり戦後の復興のためには、建物や機械設備などの物的資本も大事ですけれども、しかしなにより大事だったのは人材、すなわち人的資本だったのです。

この事実は、人的資本と物的資本の本質的違いを明らかにするものでもあります。まず建物や機械のような物的資本と比べて、人的資本は容易に転用できるということです。例えば戦争に使った兵器は民生用の生産財とはなり難いのに対して、戦争に駆り出されて兵士となっていた人間は、復員すればすぐに民間の労働者となりえます。

建物や機械などの物的資本と人的資本のもう一つの違いは、能力向上の可能性です。建物や機械は完成時の能力（性能）はその後変わらず、多くの場合は時間とともに劣化してその能力（性能）も低下していきます。一方、人的資本の場合は、仕事を始めたときからも教育訓練によって、むしろその能力は高まっていきます。つまり常に能力を高めうるという点で人的資源は物的資源と異なるのです。

さらにもう一つ物的資本には無くて人的資本にあるのは、「心」あるいは「気持ち」です。人は士気（morale）などともいわれる「やる気」次第で、その持っている能力の発揮度合いも変わってきます。また多くの場合、仕事は組織として行われますから、人的資本である人材は、組織構成員たる個人同士の協力や、組織そのものへの帰属意識の強弱によっても、その能力を発揮しうる度合いも変わってくるわけです。

こうした心を持った人的資本は、機械や材料などとは、まったく異なるということを忘れてはならないでしょう。その意味で、最近ジョブ型雇用とも並んでよく言われる「同一労働同一賃金」というのも注意を要します。同一労働同一賃金というのは、同一の賃金（価格）を払えば、どこからでも同一の労働を雇用できるという意味で、あたかも労働を部材のように考えているようにも思えるからです。第二次世界大戦末期の1944年にアメリカのフィラデルフィアで開催されたILO大会での有名な宣言（フィラデルフィア宣言）にある「労働は商品ではない」という言葉にも示されているように、人的資本を物的資本と同じように考えることは、根本的に間違っていると言うべきである、と思います。

以上のような人的資本の可変性、能力向上可能性、精神性などの点から見ると、日本的雇用制度・慣行は高く評価されるのではないでしょうか。日本的雇用制度・慣行のもとでは、転勤や配置転換によって、人的資本の可変性を活用し、また企業内の教育訓練によって人的資本の能力向上を図っています。さらに年功賃金制度などの仕組みを通じて、従業員のやる気や企業帰属意識を高める工夫もしています。

もちろん先に述べたように、ジョブ型雇用にもメリットはあります。高齢者や女性の活用促進という視点からは、ジョブ型雇用は望ましい特性を多くもっているわけです。とくに少子高齢化の進展する中では、そうした特性はますます必要とされるようにもなるでしょう。つまり、ジョブ型雇用が良いのか、日本的雇用制度・慣行が良いのかは、あくまでも相対的なものであり、またそのときどきの外部状況によってもその判断は異なってくるということです。

ここで想起されるのは福澤諭吉の言っていた言葉です。ひとつは「議論の本位を定る事」ということで、これは物事はすべて相対に考えるべきということです。福澤はその主著『文明論之概略』の冒頭に「軽重、長短、善悪、是非等の字は相対したる考えより生じたるものなり。軽あらざれば重あるべからず、善あらざれば悪あるべからず。故に軽とは重よりも軽し、善とは悪よりも善しと云うことにて、此れと彼と相対せざれば軽重善悪を論ずべからず。」と言っています。つまり常に何か絶対的に良いというものはなく、軽重にしても、善悪にしても全てどちらかより長い、よりマシといった相対的ものであるということです。

そこで私たちにとって大切なのは、そうした相対的な事柄のうち、どちらをより重視すべきかということです。福澤はやはり『文明論之概略』の中でそれを「公智」と言って、それを「人事の軽重大小を分別し軽小を後にして重大を先にしその時節と場所とを察するの働を公智と云う。」と説明しています（福澤（1875））。つまりその時々の状況に応じて、より大切なものを先にする判断力のことで、福澤はこれを人の獲得すべき最も大切な能力であるとしています。

そしてその判断の根拠となるものは実証科学であると考え、福澤はそれを学生に身に付けさせることを慶應義塾の目的として、『慶應義塾紀事』という冊子の中で「本塾の主義は和漢の古学流に反し、仮令ひ文を談ずるにも世事を語るにも西洋の実学（サイヤンス）を根拠とするものなれば、常に学問の虚に走らんことを恐る。」と述べています（福澤（1883））。相対的な事柄を科学的、実証的に分析して判断することの大切さを説いたわけです。

本稿はそうした判断の一資料として、ジョブ型雇用と日本的雇用制度・慣行を、いくつかの切り口から分析してきました。もちろん私の本稿でのスタンスは、ジョブ型雇用で大丈夫か、という問題設定からも分かるように、最近もてはやされているジョブ型雇用を、もう少し冷静に、相対的に考えたらどうだろうということでした。しかしその結果、やはりこれからの時代に望ましいのはジョブ型雇用だということになるのかもしれません。それは以下の各章でそれぞれの専門家の展開される議論を踏まえての、読者の判断に委ねたいと思います。その意味でも是非以下の各章を熟読吟味していただきたいと思います。

―参考文献―

Becker, Gary S.（1964）*Human Capital*, NBER and Columbia University Press（邦訳：ゲーリー・S・ベッカー（佐野陽子訳、１９７６）『人的資本』東洋経済新報社

Cappelli, Peter（2008）*Talent on Demand*, Harvard Business Review Press.

福澤諭吉（１８７５）『文明論之概略』

福澤諭吉（１８８３）『慶應義塾紀事』

濱口桂一郎（２００８）『新しい労働社会』岩波新書

Hirshleifer, Jack（1987）*Economic Behavior in Adversity*, Chicago University Press

ILO Global Commission on the Future of Work（2019）*Work for a brighter future*, International Labour Organization.

Lazear, Edward P.（1979）"Why is there mandatory retirement?" *Journal of Political Economy*, Vol. 87, No.6.
尾高煌之助（１９８４）『労働市場分析』岩波書店
清家篤・山田篤裕（２００４）『高齢者就業の経済学』日本経済新聞社
清家篤・風神佐知子（２０２０）『労働経済』東洋経済新報社

第2章

ジョブ型vsメンバーシップ型と労働法

濱口桂一郎

労働政策研究・研修機構研究所長

1　ジョブ型は古くさいぞ

ジョブ型は新商品に非ず

２０２０年には突如として「ジョブ型」という言葉が流行し、ネット上で「ジョブ型」を検索するとほぼ毎日数十件の新しい記事がヒットするという状態が続きました。これは、同年1月経団連が公表した『２０２０年版　経営労働政策特別委員会報告』が大々的にジョブ型を打ち出したことによるものですが、記事の多くは一知半解で、間違いだらけのジョブ型論ばかりが世間にはびこっています。

「ジョブ型」「メンバーシップ型」というのは、言葉自体は私が十数年前に作った言葉ですが、概念自体はそれ以前からあります。これは現実に存在する雇用システムを分類するための学術的概念であり、本来価値判断とは独立のものです。つまり、先験的にどちらが良い、悪いという話ではありません。

一方、商売目的の経営コンサルタントやそのおこぼれを狙う各種メディアは、もっぱら新商品として「これからはジョブ型だ！乗り遅れるな」と売り込むネタとのみ心得ているようです。そのためジョブ型とは何か、メンバーシップ型とは何かという認識論的基礎が極めていい加減なまま、価値判断ばかりを振り回したがる傾向が見られます。

そもそもジョブ型は全然新しくありません。むしろ産業革命以来、先進産業社会の企業組織の基本構造は一貫してジョブ型だったのですから、戦後日本で拡大したメンバーシップ型の方がずっと新しいのです。

その日本でも、民法や労働組合法や労働基準法といった基本労働法制は全部ジョブ型でできています。それとメンバーシップ型でできている現実社会との落差を、さまざまな判例法理が埋めてきているのです。また、日本でも高度成長期の労働政策はジョブ型を志向していました。１９７０年代半ばから１９９０年代半ばまでのほんの20年間には、「新商品」としてメンバーシップ型礼賛論が溢れましたが、すぐに古びたのです。

メンバーシップ型の毀誉褒貶

例を挙げましょう。近代的労働市場礼賛期の1960年に策定された「国民所得倍増計画」では、「労務管理体制の変化は、賃金、雇用の企業別封鎖性を超えて、同一労働同一賃金原則の浸透、労働移動の円滑化をもたらし、労働組合の組織も産業別あるいは地域別のものとなる」と、ジョブ型社会への移行を展望していました。

一方、日本型雇用礼賛期の1985年に、労働政策研究・研修機構（JILPT）の前身の雇用職業総合研究所が「MEと労働に関する国際シンポジウム」を開催したことがありますが、その基調講演で氏原正治郎所長はこう述べていました。「一般に技術と人間労働の組み合わせについては大別して2つの考え方があり、一つは職務をリジッドに細分化し、それぞれの専門の労働者を割り当てる考え方であり、今一つは幅広い教育訓練、配置転換、応援などのOJTによって、できる限り多くの職務を遂行しうる労働者を養成し、実際の職務範囲を拡大していく考え方である。ME化の下では、後者の選択の方が必要であると同時に望ましい」と。

当時、日本はME（マイクロエレクトロニクス）において最先進国だと言われていました。だから柔軟な日本型がいい、硬直的なジョブ型はだめだというのが常識だったのです。ところが21世紀になると、IT化の下では、AI化の下ではジョブ型がいいという議論ばかりです。MEもITもAIも、発展段階が違うだけで、情報通信技術の産業への応用という意味では何も変わりません。いつも同じように新商品をいかに売り込むかということばかりに熱中して、肝心の議論がどこかに消えてしまっているのです。

メンバーシップ型の真の問題点

1980年代には、世界的にもこの日本型雇用システムこそが日本の圧倒的な経済的競争力の源泉であるともてはやされていましたが、その時期においても、誰がそれで得をし、誰が損をしていたかを考えると、性と年齢でかなり差がありました。

日本型雇用で得をしていたのは若者です。ジョブ型社会というのは、「この仕事ができる」人が優先して雇われる社会です。若者というのは定義上中高年よりも経験が乏しく技能が劣ります。それゆえに労働市場で不利益を被り、卒業してもなかなか職に就けず、失業することが多いのです。これに対して日本では、仕事の能力が劣っていることが明らかな若者ほど好んで採用されます。その一方、職安には中高年が長い列を作っていました。日本型雇用で損をするのは中高年です。いったん失業したら、技能も経験もあるのに嫌がられ、なかなか採用してもらえません。

若者といい中高年といい、暗黙のうちに想定されていたのは男性です。実のところ、日本型雇用システムにおいて一番割を食っていたのは女性です。男女雇用機会均等法以前の日本企業においては、男性は新卒採用から定年退職までの長期雇用が前提であるのに対して、女性は新卒採用から結婚退職までの短期雇用が前提で、その仕事内容も男性社員の補助業務が主でした。結婚退職した後は、主婦パート以外に働く場はほとんどありませんでした。

1990年代半ば以降、日経連の『新時代の「日本的経営」』に示されるように、長期蓄積能力活用型という名で正社員を絞り込みつつ、雇用柔軟型という名の非正規雇用が拡大していきました。それまでのように若者は誰でも正社員になれる時代ではなくなり、正社員コースに入りこめなかった氷河期世代の若者は非正規労働に取り残されたまま今日中高年化しつつあります。この格差問題こそ、メンバーシップ型雇用社会が未だに解決できていない最大の矛盾です。また、若い男性を前提にした無限定な働き方と、家事育児負担を負った既婚女性との矛盾も大きくなっています。

こうして矛盾だらけになった（古びた新商品としての）柔軟すぎるメンバーシップ型を見直し、もっと硬直的なジョブ型の要素を持ち込もうというのが「働き方改革」であって、その意味ではこれは復古的改革というべきものです。

2 就職と採用

採用差別禁止が理解できないわけ

ジョブ型雇用の扇の要でありながら、圧倒的に多くの日本的ジョブ型論者から無視されているのが就職と採用の問題です。ジョブ型社会では、企業がある仕事を遂行する人材を必要とするときにその都度採用するのが原則です。つまり、募集はすべて具体的なポストの欠員募集です。

募集採用について、経済学では情報の非対称性（レモンをつかむな）が問題となりますが、法律学では採用差別の禁止が最大の問題となります。これは市場社会の基本原理である採用の自由への原理的修正です。なぜそのような修正が認められるのでしょうか。ジョブ型社会において、採用とは特定のジョブに資格・経験から最適の労働者を当てはめることです。初めにジョブがあり、そのジョブに企業内外からふさわしい人を持ってきてはめ込むのです。そのときに、当該ジョブを遂行するスキルが一番高い人がいるにもかかわらず、その人の持っている属性―人種、性別、年齢、障害、性的指向―への差別感情から採用を拒否することが「非合理」だからです。

ところが、特定のジョブへの応募者から最適者を選択するというシチュエーションがほとんどない日本では、これが一番理解されない点です。差別禁止を何か可哀想な人にお情けをかけることだと勘違いしている人も見られます。日本人は採用差別禁止ということの意味を全く理解できていません。しかしそれは、日本の最高裁が採用差別を原理的に認めているからでもあります。

三菱樹脂事件最高裁判決（１９７３年）が確立した日本型採用法理は、決して市場社会の大原則そのままではありません。ジョブ型社会ではすでに大修正されている原理が、一見維持されているかのように見えますが、実はメンバーシップ型社会特有の採用の在り方がもたらしているものです。

同判決はこう宣言しています。「企業者において、その雇傭する労働者が当該企業の中でその円滑な運営の妨げとなるような行動、態度に出るおそれのある者でないかどうかに大きな関心を抱き、思想等の調査を行うことは、企業における雇傭関係が、単なる物理的労働力の提供の関係を超えて、一種の継続的な人間関係として相互信頼を要請するところが少なくなく、わが国におけるようないわゆる終身雇傭制が行われている社会では一層そうであることにかんがみるときは、企業活動としての合理性を欠くものということはできない」と。ここに現れているのは、特定のジョブに係る労働従事と報酬支払の債権契約ではあり得ないような、メンバーシップ型労働社会における採用の位置づけです。それは、新卒採用から定年退職までの数十年間同じ会社のメンバーとして過ごす「仲間」を選抜することであり、それゆえに労働者の有するスキルとは直接関係のない属性によって差別することは当然視されるのです。

この肝心の点を、流行のジョブ型論者は全く理解していません。ジョブ型にするというのは、生易しい話ではありません。ジョブ型と軽々しく言っている人たちには、この日本型の採用の自由を捨てるという覚悟が本当にあるのでしょうか。つまり、採用判断の是非はそのジョブに適合する人を就けるという観点でのみ判断されるという事態を受け入れるつもりなのか、ということです。このジョブを遂行するためのスキルがこの程度あるからこの人を採用します、この人はそのスキルがこれだけしかないから採用しません。何か問題が起こったら、そのように説明しなければいけないのです。ジョブ型にするというのはそういうことだという覚悟が本当にあるのでしょうか。おそらく今、日本でジョブ型をもてはやしている人の中に、ただの一人としてそんな覚悟のある人がいるとは思えません。

試用期間は何のため？

これほど重要な三菱樹脂事件ですが、実は厳密に言えば採用の局面ではなく、試用期間満了時の本採用拒否の事案です。だから裁判に持ち出せたのです。もし原告が会社の新卒採用の募集に応募したときに正直に学生運動の前歴を伝えていて、そんな奴採用できるかと門前払いになっていれば、そもそも裁判の起こしようがなかったでしょう。

さて、ではこの「試用期間」とは一体何でしょうか。どの会社にもあるけれど、まじめにその意味を考えた人はいないのではないでしょうか。正面から問えば、それは間違ってうっかり採用してしまった不適格者を排除するための仕組みです。しかし、問題は何が「不適格」かです。試用期間中の仕事の出来不出来というのは本採用拒否の正当な理由になるのでしょうか・

ジョブ型社会では当然そうなります。逆にそれ以外に本採用拒否の理由などありえません。採用面接ではできますと言っていたのに、やらせてみたら全然そのジョブを遂行できないような食わせ物を排除するために設けられているのが試用期間というものです。ところが日本では、そもそもみんな初めは素人です。できないのは当たり前です、それを鍛えるのが上司や先輩の仕事です。試用期間というのは、まさにずぶの素人が上司や先輩にぶん殴られながら必死で仕事を覚え、少しずつできるようになっていくプロセスの期間です。そういう日本社会では、試用期間の使い道がまるで異なったものになるのは当然ともいえます。

学歴詐称の意味

採用に当たり学歴詐称が問題になることは洋の東西を問いません。ただし、ジョブ型社会の学歴詐称といえば、低学歴者が高学歴を詐称することに決まっています。学歴とは高い資格を要するジョブに採用されるのに必要な職業能力を公示するものだからです。ところが日本では、高学歴者が低学歴を詐称して懲戒解雇されるというのが典型的な判例になっています（１９９１年炭研精工事件最高裁判決）。最近も神戸市で大卒者が高卒を詐称していたとして懲戒免職になっていました。

一方、税理士資格や中央大学商学部卒を詐称した者の雇止めは「担当していた債務者の事務遂行に重大な障害を与えたことを認めるに足りる疎明資料がない」から雇止めは無効だ（１９９３年中部共石油送事件名古屋地裁判決）というのが、日本の裁判所の感覚なのです。

高学歴者の低学歴詐称は懲戒解雇に値するが、低学歴者の高学歴詐称は雇止めにも値しないというメンバーシップ型社会の発想は、ジョブ型社会からみれば驚愕の世界でしょう。この彼我で正反対の学歴感覚を象徴するのが学歴差別という奇妙な言葉です。人種・性別など属性による差別に厳格なジョブ型社会で唯一正統な選抜基準である学歴が、それら差別に寛容な日本ではなぜか許しがたい「学歴差別」と指弾されるのですから。

求人詐欺は紙一重

一方、求人側の詐欺行為（求人詐欺）が数年前話題になりましたが、これもジョブ型とメンバーシップ型の違いがくっきりと表れる領域です。法律上は職業安定法65条8号により、「虚偽の広告をなし、又は虚偽の条件を提示して、職業紹介、労働者の募集若しくは労働者の供給を行った者又はこれらに従事した者」には6月以下の懲役、または30万円以下の罰金が科せられることになっています。しかしここには単なる法律論では片付かない雇用システム的難問があります。

職業安定法は欧米と同様のジョブ型社会を前提に作られており、そこで前提として想定されているのは、労働市場で一般的に通用する技能資格等で表示される職業能力と、賃金、労働時間その他の労働条件をお互いにシグナルとしながら、労働供給と労働需要を結合させようと市場で行動する人間像です。

ところが前述の通り現実の日本社会では、採用とは、企業の中のある特定のジョブに対してそれにふさわしい労働者を探し出して当てはめることではなく、新規採用から定年退職までの数十年間を同じ会社のメンバーとして過ごす「仲間」を選抜することであり、職業安定法的な意味で「求職者に対して」「その能力に適合する職業を紹介」することは原理的に困難です。つまり、求人票は少なくとも職務内容を細かく記述して求人者と求職者の結合に資するというその本来の意義は失っており、あえて言えば求人企業の名前だけしか意味がない存在になっています。

では賃金、労働時間等の労働条件についてはどうでしょうか。少なくとも入社時の賃金に関する限りはきちんと正しい情報を記載するべきものという意識はありました。ただ、それでもメンバーシップ設定契約であるという実態から、日本の裁判所はかなり柔軟な対応をしてきています。実際の初任給が求人票と異なっていた1983年の八州事件東京高裁判決では、「新規学卒者の求人、採用が入社（入職）の数ヶ月も前からいち早く行われ、また例年4月頃には賃金改定が一斉に行われる我が国の労働事情の下では、求人票に入社時の賃金を確定的なものとして記載することを要求するのは無理が多く、かえって実情に即しない」として、「契約成立時に賃金を含む労働条件が全て確定していることを要しない」と判示しました。つまり、現実の日本社会は、ジョブ型社会を前提とする職業安定法の規定からはるかに離れ、求人票に書かれていることは求人者の名前以外にはあまり意味がないような社会を作り上げてきてしまったのです。今まで求人詐欺がそれほど問題にならなかったのは、求人者の側もまさにメンバーシップ感覚に溢れて、新規採用から定年退職までの数十年間を同じ会社のメンバーとして過ごす「仲間」を選抜するつもりで対応していたからでしょう。

しかしその信頼を逆手にとって、入ってきた若者を使い捨てにするつもりで悪辣な求人詐欺を繰り返すような企業が登場してくると、今までそれなりにうまくいっていた仕組みが全て逆機能をし始めることになります。いわゆる「ブラック企業」問題と同様に、日本型雇用システムの規範がなお濃厚に残っており、多くの人々がなおそれを前提として行動せざるを得ない状況下にありながら、そのような規範意識を持たない企業が表面的には日本型雇用の匂いを漂わせることで、その意識のずれによる利益を独占してしまうという現象が生じているのです。

3　解雇

ジョブ型では整理解雇が一番正当

昨年来のジョブ型論の中には、ジョブ型社会になれば解雇されやすくなるという議論も多く見られます。これは8割方ウソなのですが、ある面では正しいところもあります。ここはきちんと腑分けして論じなければならないところです。

まず、アメリカ以外のすべてのジョブ型社会には解雇規制があります。アメリカは確かに随意雇用原則といって、どんな理由であっても、あるいは理由なんかなくても、解雇することが自由です。しかし、それ以外のすべてのジョブ型諸国と日本は、解雇規制があるという点で共通しています。もちろん、解雇規制とは解雇禁止ではありません。正当な理由がない解雇はダメだといっているのであって、裏返していえば、正当な理由のある解雇は問題なく有効なのです。その点でも共通しています。違ってくるのは、何が解雇の正当な理由になるかという点です。

ジョブ型社会とは初めにジョブありきで、そこに人をはめ込むものです。労使いずれの側も、一方的に雇用契約の中身を書き換えることはできません。つまり従事すべきジョブを変えることはできないのです。従って、そのジョブがなくなるというのが、最も正当な解雇理由になります。借家契約が家屋という客観的な物件の賃貸借契約であって、その物件がなくなる場合に、大家には店子をどこかの借家に住まわせる義務があるわけではないように、雇用契約もジョブという客観的な物件についての労働力貸借契約であって、そのジョブがなくなる場合にどこか別のジョブにはめ込む義務があるわけではありません。

これは言葉の正確な意味でのリストラクチュアリングであり、解雇規制のある欧州でも、基本的に労使協議によって再就職援助や教育訓練をすべき対象であって、ジョブがないのに雇い続けろという馬鹿な話はありません。もっとも、日本語で「リストラ」というと、会社にとって使えない社員をいかに追い出すかという意味で使われることが殆どです。そもそも雇用契約で職務が限定されていないメンバーシップ型社員にとっては、会社の中に何らかの仕事があれば、それがいかなる仕事であれ、そこに配置転換される権利があるのですから、それもせずに解雇しようというのは極悪非道の所行となるのは当然とも言えます。

正当な理由のある解雇は良い、正当な理由のない解雇はダメ、という全く同じ規範の下にありながら、ジョブ型社会とメンバーシップ型社会がリストラに対して対極的な姿を示すのは、こういうメカニズムによるものです。それを解雇規制の有無で論じるのは全くミスリーディングと言わなければなりません。

解雇でも「能力」とスキルは別物

某新聞は、ジョブ型になったら「能力不足でも解雇される」と盛んに書いています。これも、特殊日本的「能力」とジョブ型社会共通の「スキル」をきちんと区別して論じなければなりません。

ジョブ型社会の正当なスキル不足解雇とは、雇用契約で特定されているジョブのスキルが求められる水準に達していないこと、つまり「その仕事できます」と言って採用されたのに、やらせてみたら全然できない者を解雇することです。

白紙同然の素人を採用してOJTで鍛える日本ではそんな状況はそもそもありえません。仕事ができないのは当たり前、それを「できる」ように育てるのが上司や先輩の任務です。メンバーシップ型社会における「能力」不足とは、特定のジョブのスキルが足りないなどといったことではなく、上司や先輩が鍛えてあげても「能力」が上がらない、あるいはやる気がないといった、能力考課、情意考課で評価されるような特殊日本的「能力」不足を意味します。そういう「能力」不足に対しても、日本の裁判所は、丁寧に教育訓練を施し、能力を開花させ、発揮できるようにしろと要求するのです。

欧米とは正反対に、日本で「能力」不足が問題となるのは永年勤続してきた中高年社員です。日本の判例法理の大前提は、労働者がiPS細胞のようにすくすくと成長して配置された職場の仕事ができるようになっていくということです。スキルという観点からはその水準の低い若者の方がこの意味の「能力」は高く、永年仕事をしてきてスキルという意味ではそれなりに高くなっているはずの中高年の方がこの意味の「能力」は低い、あるいは殆どないとみなされることが多いのです。

ところが一方、日本の賃金制度の大前提は、「能力」は上がることはあっても下がることはないというものです。会社内のいろいろな仕事を経験して仕事の幅が広がっていくという側面に着目すれば、確かに「能力」は上がる一方かも知れません。それを前提に、上がることはあっても下がることのない賃金制度が職能給、つまり能力主義に基づく賃金制度と呼ばれています。

その高い賃金水準に体現されている仮想上の「能力」と、学習能力の低下のゆえに新たな仕事をこなすこともおぼつかなくなり、賃金のずっと低い若手社員よりもはるかに劣るような中高年社員の現実のスキルとの落差が、会社側にとって我慢の限界を超えたときに、「こいつを能力不足で解雇したい!」という心からの叫びが発せられることになるのでしょう。しかし、その訴えはなかなか認められることはありません。それは会社自身が職能資格制における「能力」評価において、その「能力」を認めてきているからなのです。職能給の下で高給を払ってきていること自体が論理的にはその労働者の公式の「能力」評価なのである以上、それと矛盾する能力不足解雇が容易に認められる可能性は最初から乏しいものと言わざるをえないでしょう。いわば会社の自縄自縛です。

日本では忠誠心不足が正当な解雇

ここまでは、同じく解雇に正当な理由を求めていても、雇用システムの違いによって整理解雇も能力不足解雇も全く異なる様相を呈するという話ですが、ジョブ型の方が解雇が認められやすいということに間違いないのではないか、と思うかもしれません。これらと対照的な相貌を現すのが、会社の一員としての忠誠心を揺るがすような行為に対する懲戒解雇への対応です。ジョブ型社会では考えられないような乱暴な懲戒解雇が日本では堂々と認められているのです。

日本の最高裁判所は、残業命令を拒否し、始末書の提出を拒むような不届き者は懲戒解雇してよいと認めていますし（1991年日立製作所武蔵工場事件）、高齢の母と保育士の妻と2歳児を抱えた男性が神戸から名古屋への遠距離配転を拒否したら懲戒解雇してよいと認めています（1986年東亜ペイント事件）。共働きで3歳児を保育所に送り迎えしている女性が目黒から八王子への異動を拒否したことを理由に懲戒解雇しても正当です（2000年ケンウッド事件）。そういえば、前述の三菱樹脂事件も、ある意味では忠誠心不足が想定されうる者の（試用期間満了に伴う）解雇でした。

こういう判例ばかりを並べ立てれば、解雇規制のあるヨーロッパ人は、日本とは人権に反するとんでもない理由でも解雇が自由にできる国だと思ってしまうかもしれません。もちろんそうではなく、ジョブとメンバーシップのどちらが断固守られるべき大事なものかという雇用契約の根っこが違うということです。

移る権利、移らない権利

解雇の応用問題として、企業組織変動に伴う労働契約の承継があります。これまで従事していた仕事が別の会社に移ってしまうというときに、労働者をどのように保護するかという問題です。ＥＵ諸国では、事業の移転とともにその仕事をしていた人も移転するのがルールです。初めにジョブありきなのですから、そのジョブがなくなるわけではなく、単に別の会社に移るだけであれば、そのジョブにはめ込まれていた人も自動的にその別の会社に移るのが当然ということです。借家契約でいえば、家主が変わっても同じ家に住み続ける権利を保障しようということです。

日本でも2000年商法改正に伴い、会社分割時における労働契約承継制度が作られましたが、そのとき、大変印象的な思い出があります。連合からシンポジウムでEU指令を報告してくれと頼まれ、EUでは仕事と一緒に労働契約が自動的に移転され、解雇は許されないのだというようなことを喋って、ふと上を見上げたら、会場の横断幕には「気がつけば別会社に」とあったのです。気がつけば、いや気がつかなくても別会社に移転させろというのがEUのルールですから、日本の感覚は正反対だということを痛感しました。

実際、2010年の日本IBM事件最高裁判決では、労働組合側は「気がつけば別会社に」追いやられていたことに異議を唱えていました。外資系企業といえども心はどっぷり日本型だということがよく分かります。

4 ヒトの値段、ジョブの値段

「能力」給の矛盾のなれの果て

ジョブ型社会の賃金制度は職務評価による固定価格制です。座るヒトではなく、椅子に値札が張ってあるのです。その値札はどのようにしてつけるのでしょうか。それが職務評価ですが、これは圧倒的大部分の日本人が誤解している言葉です。再三繰り返しますが、職務評価とはヒトの評価ではありません。

メンバーシップ型賃金制度である年功制の始まりは生活給です。戦前、呉海軍工廠の伍堂卓雄が提唱し、戦時賃金統制で全国に広がりました。終戦直後の電産型賃金体系はこれを受け継ぎ、年齢と扶養家族数で賃金を決定する仕組みを確立しました。当時、世界の労働運動はこれを厳しく批判しましたが、日本の労働組合は断固として生活給を守り抜いたのです。

これに対して経営側と政府は、同一労働同一賃金による職務給を主張していました。先に見た1960年の『国民所得倍増計画』でも、「生涯雇用的慣行とそれに基づく年功序列型賃金体系を技術革新の進展に適合して職業能力に応じた人事待遇制度へ改善してゆくことが必要」と力説していたのです。

ところが職務給を熱心に唱道していたはずの日経連が、1969年の『能力主義管理』で職務給を放棄し、「能力」査定による職能給に乗り換えてしまいました。これにより、年齢とともに上がる不可視の「能力」で年功昇給は維持する一方、会社に貢献しない者は低査定で競争に駆り立てるという仕組みで労使の利害が一致したわけです。これをもっともらしく経済学的に説明したのが小池和男の知的熟練論でした。労働側にとっても、本音の生活給を経済学的に正当化してくれるので有り難かったのでしょう。いつの間にか、元々生計費の必要性から高く嵩上げされていた中高年の高給を、自分自身ですら自らの高い「能力」のゆえだと思い込むようになっていきました。

ところが、この見えざる「能力」は上がることはあっても下がることがないので、中高年は人件費と貢献が乖離していきます。平時はいいですが、円高不況が来たりバブルが崩壊したりすると、その化けの皮が剥ぎ取られることになります。小池は中高年をターゲットにしたリストラを厳しく批判しますが、その原因は企業が不況下で排出したくなるくらい賃金と貢献がアンバランスになった中高年の「能力」幻想にあったと言わなければなりません。

ご都合主義の成果主義

とはいえ、企業側としても、職務無限定で様々な仕事に回していけるというメンバーシップ型のメリットを捨てる気持ちなど毛頭ありません。そこで、「能力」による基本給の上昇を抑制するために1990年代に登場したのが、特殊日本的な意味での「成果主義」でした。本来、ジョブが不明確なままで成果を測定することは困難なはずですが、「上司との相談で設定」という名の下で事実上あてがわれた恣意的な目標を押しつけて、成果が上がっていないと難癖を付けて、ほっておくと上がる一方の賃金を引き下げる理屈に使われただけだったと言えます。

それゆえ人件費抑制には効果があったのですが、労働者側の納得が失われてしまい、結果としてモラールの低下につながり、見事な失敗に終わりました。このいったん失敗に終わった成果主義を、もう一度リベンジしたくて持ち出してきたのが、近年経営コンサルからやたらに売り込まれている「ジョブ型」の正体といえます。某新聞など、毎日のように「ジョブ型とは成果主義である」と書き立てていますが、これは9割方ウソです。

ジョブ型であれ、メンバーシップ型であれ、ハイエンドの仕事になればなるほど仕事ぶりを厳しく評価されますし、ミドルから下の方になればなるほどいちいち評価されなくなります。それは共通ですが、多くの人の常識とは全く逆に、ジョブ型社会では一部の上澄み労働者を除けば仕事ぶりを評価されないのに対し、メンバーシップ型では末端のヒラ社員に至るまで評価の対象となります。そこが最大の違いです。

ただしヒラ社員に対して成果を評価するのは難しいので、どうしても「能力」や意欲の評価に偏ります。「濱口くんは仕事はできないけど、夜中まで頑張っているからB評価くらいにしておくか」というわけです。問題は、こういうヒラ社員用の評価のスタイルが、管理職クラスに対してもずるずると適用されてしまいがちなことです。ジョブ型社会のエグゼンプトやカードルは厳しくその成果を評価されているのに、日本の管理職はぬるま湯に安住しているという批判はここに由来します。そしてその際、情意考課で安易に用いられがちな意欲の徴表としての長時間労働が槍玉に挙げられ、「労働時間ではなく成果で評価する」という、某新聞で毎日のようにお目にかかる千篇一律のスローガンが生み出されるというわけです。

日本版同一労働同一賃金という虚構

同一労働同一賃金は本来ジョブ型の原理です。同一労働同一賃金を裏返せば、異なる労働には異なる賃金です。これに対して、メンバーシップ型では値札はジョブではなくヒトの属性に付くのですから、同一労働でも異なる賃金であり、異なる労働でも同一賃金になります。この基本のキが分かっていない日本人は、往々にして同一労働同一賃金を全ての労働者を平等にすることだと勘違いしがちです。そうでなくても、同一労働同一賃金とはジョブによって（場合によっては大きな）格差が生じる原理だということが分かっていない人が多いようです。

ところが2016年1月、安倍元首相は国会で「同一労働同一賃金に踏み込む」と発言しました。労働問題に少しでも素養のある人であれば、政府は今までの微温的な均等・均衡処遇政策を捨てて、本格的に同一労働同一賃金政策を推進しようとしているのだろうか、と思ったはずです。ところが、その後の立法プロセスはそのような常識に反する形で進められていくことになりました。そのイデオローグとして活躍した労働法学者の水町勇一郎氏は、「欧州でも労働の質、勤続年数、キャリアコースによって例外があるから、日本でも同一労働同一賃金は可能」と説明しましたが、これは賃金決定の基本原則（ヒトの値段かジョブの値段か）とその修正付加をごっちゃにするものです。

2016年12月に提示された同一労働同一賃金ガイドライン案は、正社員と非正規労働者の双方がともに年功給、能力給、成果給など同じ賃金制度下にあることを前提に、これはOK、これはダメと記述しています。しかしそれは現実にはすべて空振りです。なぜなら、ほとんど全ての日本企業においては、正社員と非正規労働者の賃金制度は全く異なっているからです。

ガイドラインを読んでいくと、さりげなく「注」として「無期雇用フルタイム労働者と有期雇用労働者又はパートタイム労働者の賃金の決定基準・ルールの違いがあるとき」には、「将来の役割期待が異なるため…という主観的・抽象的説明では足りず」、「賃金の決定基準・ルールの違いについて、職務内容、職務内容・配置の変更範囲、その他の事情の客観的・具体的な実態に照らして不合理なものであってはならない」と書かれています。圧倒的多数の企業にとっては、長々しい本文ではなく、この数行の「注」が全てです。

かくして踏み込む前も踏み込む後もほとんど変わらない日本版「同一労働同一賃金」と相成りました。その証拠に、2020年10月に最高裁判所が下した5つの判決（大阪医科薬科大学、メトロコマース、日本郵便）を、マスコミも弁護士も学者までみんな揃って、同一労働同一賃金の判決だと呼んでいます。これらは全て、2012年改正労働契約法第20条の訴訟、つまり安倍元首相が同一労働同一賃金に「踏み込む」ずっと前の事件なのですが。

5　定年と高齢者雇用

定年退職は引退に非ず

　定年制とは、労働者が一定の年齢に達したことを理由として労働契約が終了する強制退職制度です。日本政府公定訳でも「mandatory retirement age」（強制退職年齢）となっています。しかしながら現行法上、60歳定年で強制的に退職させられる人がいればそれは違法です。なぜなら、高年齢者雇用安定法により65歳までの継続雇用が義務づけられているからです。

　では、65歳継続雇用義務の下での60歳「定年」とは一体何なのでしょうか。そして、なぜそれをあたかも強制退職年齢であるかの如き定年という言葉で呼び続けているのでしょうか。その正体は処遇の精算年齢です。年功制の下でひたすら上がり続けて、定年直前には相当の高給になった中高年労働者を、本来あるべき賃金水準に引き下げて雇い続けるためのつなぎ目です。その賃金下落の一部を補填するのが雇用保険を財源とする高年齢雇用継続給付です。これはもともと65歳継続雇用促進のために創設されたものですが、それが義務化されてもなお存続しているという奇怪な状態が続いています。

定年後再雇用の矛盾

建前を捨てて本音で語れば、企業にとって多くの中高年社員に支払っている賃金は、その貢献に見合わない高給になっているのでしょう。とはいえ、賃金制度の建前は、見えない「能力」に対してそれにふさわしい賃金額を払っていることになっています。

そこで、60歳定年までは不可視の「能力」に高給を払い続けてきながら、定年を過ぎた瞬間に新たに再雇用された非正規労働者という立場に置くことによって、労働条件の不当な引下げだという異議申立てを封じようとしてきたのです。もっとも、異議申立ては完全に封じることはできません。実際、長澤運輸事件最高裁判決（2018年6月1日）では、定年前と同じトラック運転手の仕事をしながら賃金を3割引き下げられたことが争点になりました。最高裁判所は定年後再雇用であることを考慮して、一部手当を除き不合理とは認めませんでした。日本型雇用システムの合理性を尊重する判断をしたことになります。

この事案では定年前後でやる仕事は全く変わりませんでした。トラック運転手というジョブ型に近い世界で、賃金制度だけは日本式にするとこういう矛盾が生じます。他の業種でも、いかにジョブ型ではないからといって、同一労働同一賃金というかけ声が高まる中で、全く同じ仕事で賃金を引き下げるのは気が引けます。そこで、定年前よりも低い賃金に見合ったレベルの低い仕事をあてがっておけば安心だという企業も多いようです。「嘱託」というラベルは、その標章なのでしょう。なるほどその点は安心かもしれませんが、そんなことのために、まだまだフルに働ける高齢者を周辺的な仕事に追いやるとするならば、それは社会的な人的資源の有効活用という面からして、問題があるのではないでしょうか。

6 ジョブ型だった公務員制度

1947年制定時から2007年まで国家公務員法上に存在した「職階制」は徹頭徹

尾ジョブに基づく人事管理システムでした。人事院は官職を分類し、格付し、職級明細書（ジョブ・ディスクリプション）を作成し、採用も昇任も本来ジョブごとの試験制のはずでした。ところが、官僚の抵抗で職階制が実施されないまま、経過措置で間に合わせの任用制度、間に合わせの給与制度で対応し、ジョブなき公務員制度が70年続いてきたのです。その結果、公務員の在り方は法規定と正反対の純粋メンバーシップ型となってしまい、何でもやれるが何もできない総合職とまぎれもない年功賃金で特徴付けられることになりました。日本型雇用の典型が役所だというのは、実態論としてはまさにその通りですが、法律論としてみるとまことに皮肉きわまる状況であったのです。

2021年の国家公務員法改正で定年を65歳に引き上げることとなったのは、高齢者雇用対策としては正しい方向性ですが、それに併せて60歳を過ぎたら管理監督職から降任させ、一律に給料を従前の7割に削減するという規定が設けられました。60歳を過ぎたら管理職から引きずり下ろし、給与を7割に下げなければいけないような者を、60歳まで管理職として処遇し、高給を払っていたと天下に公言するような規定です。

ちなみに、こうして正規公務員がますますメンバーシップ型になればなるほど、図書館司書など本来公務員法が想定していたジョブ型職種はどんどん非正規公務員へと置き換えられていくことになりますが、民間であれば労働契約法によって守られる非正規労働者が、公務員だからという理由でその保護が剥ぎ取られるという皮肉も依然として変わりません。

7 障害者という別枠

ジョブ型社会を前提に構築された差別禁止の考え方が、メンバーシップ型社会ではいかに空洞化するかが、障害者差別の問題には端的に表れます。２００６年国連障害者権利条約を批准するために、日本でも２０１３年６月に障害者雇用促進法が改正され、障害者に対する直接間接の差別が禁止されるとともに、合理的配慮も規定されました。しかし、欧米ジョブ型社会を前提として発達してきた差別禁止と合理的配慮という発想を日本のメンバーシップ型雇用の世界に導入したことによる落差は、必ずしも明確に意識されていないようです。

そもそも障害者とは全て何らかの特定の部分についての障害を有する者なのであって、他の部分では必ずしも障害を有しているわけではありません。肢体不自由な身体障害者であっても事務作業は抜群にできるかもしれませんし、知的障害者であっても辛抱強く単純作業をこなせるかもしれませんし、精神障害者であってもマイペースでやれる仕事には向いているかもしれません。

ジョブ型社会においては、採用とはそのジョブに最もふさわしいスキルを有するヒトを当てはめることです。健常者であっても障害者であってもその点に変わりはありません。違うのは、そのジョブにふさわしいスキル以外の点です。そのジョブをこなすスキルは十分持っているけれども、そのスキルとは直接関係のない部分で障害があり、その障害に対応するためには余計なコストがかかるので、例えば車椅子で作業してもらおうとすると職場を改造しなくてはならないので、その障害者を採用しないというケースが典型的です。個々のジョブレベルではそれは不合理な決定です。しかし企業の採算というレベルでは合理的な判断です。とはいえマクロ社会的な観点からはスキルのある障害者を有効に活用できないのでやはり不合理な決定と言わざるを得ません。この不整合を是正し、ミクロなジョブレベルでもマクロな社会レベルでも合理的な決定に企業を持って行くためのロジックが合理的配慮という発想です。差別禁止と合理的配慮という組み合わせは、ジョブ型社会の基本理念に基づくものなのです。

ところがメンバーシップ型社会では、その全ての基本になるべきジョブやスキルの概念が存在しません。その代わりにあるのは無限定正社員とその不可視の「能力」です。そういう社会の中に、特定のジョブのスキルは十分あるけれどもそれ以外の部分で就労を困難にする要因がある障害者をうまくはめ込むのは至難の業になります。障害者には日本的な意味での「能力」があると言えるのか。考えれば考えるほど答えが出ない領域です。これまでの日本の障害者雇用政策がもっぱら雇用率制度により、別枠として一定数の障害者を雇用させる手法に頼り、とりわけ特例子会社というような形で人事労務管理も完全別立てにすることが多かった理由はそこにあります。

8 外国人材

外国人労働者問題はこれまで、日系南米人や技能実習生などもっぱらローエンド人材をめぐって論じられてきましたが、2018年出入国管理及び難民認定法（入管法）改正により設けられた特定技能制度で一応の決着をみました。これに対し、ハイエンドの外国人材は積極的に受入れるという政策がとられてきました。その中でも、普通のホワイトカラーに相当する在留資格が、技術・人文知識・国際業務、いわゆる「技人国」です。

入管法の別表では、これは「本邦の公私の機関との契約に基づいて行う理学、工学その他の自然科学の分野若しくは法律学、経済学、社会学その他の人文科学の分野に属する技術若しくは知識を要する業務又は外国の文化に基盤を有する思考若しくは感受性を必要とする業務に従事する活動」と定義されています。要するに理科系と文科系の大学を卒業し、そこで学んだ知識を活用して技術系、事務系の仕事をする人々ということですから、ジョブ型社会における大卒ホワイトカラーを素直に描写すればこうなるという定義です。つまり、日本の入管法は他の多くの法律と同様に、欧米で常識のジョブ型の発想で作られているのです。

ジョブ型の常識で作られているということは、メンバーシップ型の常識は通用しないということです。それゆえ法務省は、「従事しようとする業務に必要な技術又は知識に係る科目を専攻していることが必要であり、そのためには、大学・専修学校において専攻した科目と従事しようとする業務が関連していることが必要」と運用してきました。何という職業的レリバンスの重視でしょうか。これは、専門技術職は積極的に受け入れるけれども、単純労働力は受け入れないという原則を掲げている以上当然のことです。ところがそれが日本のメンバーシップ型社会の常識と真正面からぶつかってしまいます。今まで留学生の在留資格だった外国人が、日本の大卒者と同じように正社員として採用されて、同じように会社の命令でどこかに配属されて、同じように現場でまずは単純作業から働き始めたとしたら、それは「技人国」の在留資格に合わないのです。大卒で就職しても最初はみんな雑巾がけから始める、などというメンバーシップ型社会の常識は通用しないのです。

ところが、それでは日本企業が回らないという批判に、あっさりジョブ型制度が後退してしまいました。2019年5月の告示改正により、「日本語を用いた円滑な意思疎通を要する業務」という名目の下、飲食店、小売店等でのサービス業務や製造業務も特定活動として認めることとしたのです。同時に出されたガイドラインの具体的な活動例を見ると、飲食店で店舗管理業務や通訳を兼ねた接客業務、工場のラインで日本人の作業指示を他の外国人に伝達しつつ自らもライン業務、小売店で仕入れ、商品企画や通訳を兼ねた接客販売業務、ホテルや旅館で外国人客への通訳を兼ねたベルスタッフやドアマンとしての接客業務といったものが並んでいます。ハイエンド労働者は入口からハイエンドの仕事をし、ローエンド労働者はずっとローエンドの仕事をするというジョブ型社会の常識が、ハイエンド（に将来なる予定の）労働者が入口ではローエンドの仕事をするという日本社会の常識に道を譲ったわけです。

9　ではどうなるの？

なるほどね、ジョブ型は新商品なんかじゃなくて古くさい。だけど古びた新商品のメンバーシップ型は矛盾の塊だ。言いたいことは分かった。ではどうすればいいのだ？あるいは、日本の雇用社会はどうなるのだ？と、いま読者の頭の中にはそういう疑問が湧いてきているのではないでしょうか？

そういう風に、すぐに安直な正解を求めたがる精神が問題なのだ。もっとじっくりと複雑に入り組み、矛盾に満ちた問題構造そのものを考えろ。というのが第一の答ですが、その上で少し違った角度からの展望を述べておきましょうか。

ジョブ型vsメンバーシップ型という平面で言えば、若年期においては入口のメンバーシップ型採用に大して変化のないまま、「働かないおじさん」に対する圧力が高まっていき、「労働時間ではなく成果で評価する」と謳う擬似的なジョブ型化が進行していくことになるのでしょう。

しかしそれと並行して、もっと大きな人類史的変化が押し寄せてきつつあるように思われます。それは、過去１００年以上にわたって欧米労働社会の基本構成要素であったジョブがタスクに分解していく流れです。これまでは、やるべきタスクをジョブ・ディスクリプションという形で明確にすることが一番効率的だったのですが、ジョブを構成する個々のタスクを全部ＡＩが差配するようになると、古くさくても維持されてきたジョブ型が崩壊していくかもしれないのです。

これからはジョブ型もメンバーシップ型も両方まとめて、時代の渦の中で廃れていくという陰鬱な未来図ですが、しばらくはメンバーシップ型のほうが保つかもしれません。というのは、メンバーシップ型だと、ジョブに束ねる必要がないので、残っているタスクを適当に振り分けていればしばらくは保ちます。ただ、どこかで支えきれなくなって、ポコッとなくなる可能性が高く、その先はデジタル日雇の世界が待っているのかもしれません。

最後の最後で話が妙な方向に飛んでいったと感じる方も多いでしょうが、ジョブ型vs

メンバーシップ型の平面を超えたところにも視線を向けておく必要があるのです。

第3章

日本的ジョブ型雇用

——人材起点の日本企業が選んだカタチ—

中村天江

連合総合生活開発研究所主幹研究員

1　日本企業の挑戦

競争力の高い人事制度へ

日立製作所、資生堂、ＫＤＤＩ、富士通……近年、ジョブ型雇用を導入する企業が相次いでいます。

日本企業がジョブ型雇用を検討する主な理由は以下です。

- グローバル経営にともない、海外でも通用する人事制度を構築したい
- エンジニアなど、高度専門人材に適した人事制度を構築したい
- 人材の獲得やリテンションに適した人事制度に変えたい
- 年功序列による硬直的な人事制度をあらため、柔軟な人事制度にしたい
- テレワークでも機能する人事制度にしたい

・成果主義を強化し、社員が高いパフォーマンスをあげるようにしたい

日本拠点と海外拠点を横断する人事制度や、高度専門人材に適した人事制度の構築など、何を最優先にジョブ型雇用を導入するかは企業によって異なります。ただ、共通していえるのは、これまで築いてきた自分たちの雇用システムをさらに進化させるために、欧米企業の雇用システムの長所を取り入れるということです。

そこで本稿では、ジョブ型雇用導入により、日本企業がどのような人事制度を目指しているのか考察します。

ジョブ型の対象は「タレント」

日本企業は以前から、有期雇用の社員やアルバイト・パートの社員に対してジョブ型雇用を行ってきました。従来のジョブ型雇用と、現在注目が集まっているジョブ型雇用の最も大きな違いは、対象とする社員の経営上の位置づけです。

これまでのジョブ型雇用は、定型業務や労働集約的な業務を、正社員とは異なる人事

制度の元で任せるためのものです。それに対して、いま大企業が導入しつつあるジョブ型雇用は、付加価値を生み出すことを期待するホワイトカラーの正社員に対してです。例えば、経団連の「経営労働政策特別委員会報告２０２０年版（以下、経労委報告）」では次のように書かれています（傍線は筆者による）。

> 企業活動のグローバル化が進み、人材獲得をめぐる競争が激しくなっている。現状の雇用システムのままでは、意欲があり優秀な若年層や高度人材、海外人材に対して、企業として魅力を十分に示すことができず、人材獲得が難しくなるばかりか、海外への人材流出リスクが高まっている。加えて、自ら職能やスキルを磨き、人的ネットワークを広げ、イノベーティブで付加価値の高い仕事を遂行でき、成果を挙げられる人材が、画一的な人材育成施策や年功型賃金によって、自分自身の成長と活躍の機会が失われていると感じ、エンゲージメントを低下させている可能性がある。

ここでいう『ジョブ型』は、当該業務等の遂行に必要な知識や能力を有する社員を配置・異動して活躍してもらう専門業務型・プロフェッショナル型に近い雇用区分をイメージしている。『欧米型』のように、特定の仕事・業務やポストが不要となった場合に雇用自体がなくなるものではない。

日本企業はいま、グローバル人材やエンジニア、管理職といった、付加価値を生むことを期待する「タレント」社員に対する人事制度改革に挑戦しているのです。

なお「タレント」を、特定の一部の社員だけととらえるのか、全社員ととらえるのかは、企業によって異なり[1]、学術的にも両方の流派があります[2]。

人事の「下方硬直性」を壊す

日本企業はこれまでも、ホワイトカラーの正社員に対して、成果主義の導入や早期選抜の実施、希望退職制度の実施など、たびたび人事制度を見直してきました。にもかかわらず、人事制度には、ある根本的な問題が残ったままになっていました。

それは「年功序列」です。若手社員の抜擢やリストラを行うようになってもなお、「一度、上のポストや等級になったら下がることはない」という下方硬直性が存在していたのです。

制度上は年齢によらず登用や降格ができる仕組みを導入していても、実際はそうなっていない。そんな企業にとって年功序列は、もはや単なる制度を越えて、価値観や風土に根差した問題です。

重要なポストや貴重な賃金原資を中高年社員が独占していると、若手社員の成長機会は不足し、海外事業やテクノロジーの領域で重要な仕事をしている社員も、あおりを受けて安い給与のままになります。

硬直的な人事・給与制度のもとでは、優秀・有望な社員のモチベーションをあげることができませんし、辞める社員もでてきます。市場評価の高い人材を社外から採用することもままなりません。グローバル化やテクノロジーが進展する経営環境において、これは深刻な問題です。

優秀・有望な人材にポストや給与を重点的に分配し、勤続年数が長いというだけで高い給与やポストを得ている社員の待遇を実態にあわせて下げたい。企業がそう考えるのは自然なことです。

制度はあっても、運用はなし

ところで、日本企業はこれまで、新たな人事制度を導入しても、実際の運用が制度趣旨通りになっていないということを繰り返してきました。人事制度と実際の利用率のギャップは、男性の育児休業やテレワーク、副業など、枚挙に暇がありません。

それはジョブ型雇用に関連する制度でも同様です。例えば、目標管理制度。すでに約8割の企業が目標管理制度を導入しているにもかかわらず[(3)]、新型コロナウイルス感染症拡大にともなうテレワークのなかで、「誰がどんな仕事をしているのか見えない」「正しく評価されるか不安」といった問題が噴出しました。

目標管理制度を制度趣旨どおりに運用できていれば、その期に行う仕事の目標やそのプロセス、評価基準は、上司とメンバーの間で共通言語化されているはずですが、そうはなっていなかったのです。

仕事内容の言語化やそれにもとづく評価だけなら、わざわざ職務記述書（ジョブ・ディスクリプション）を整備しなくても、目標管理制度で十分なはずです。にもかかわらず、現状の問題の原因を特定して対策を講じることもなく、ジョブ型雇用という新たな制度を導入しようとする。目標管理制度を使いこなせない企業が、より大掛かりなジョブ型雇用に抜本転換するのは至難の業としかいいようがありません。

また、年功序列の硬直性はかねてより問題視されており、2000年以降、役割によって等級を定め給与が上下する役割等級制度を導入する企業も増えました。

経団連の調査によれば、基本給の決定において役割給を考慮している企業は、管理職で57%、非管理職で39%もあります。[4] ちなみに、職務給・仕事給を考慮している企業も、管理職で35%、非管理職で30%もあります。

ところが、企業によっては、一度、上の等級につけたら降ろすことはしなかったのです。ある企業の人事はジョブ型雇用（職務等級制度）の導入に際して、「今度こそ、心を鬼にして降格もしなければならない。そうしなければ役割等級制度の二の舞になる」と語っています。

日本企業のジョブ型雇用転換は、外形的な制度の変更ではなく、実体的な運用のほうにゴールがあるのです。

社員にも変化を求める

年功序列は、「年長者を敬うのは当然のこと」といった日本人の価値観や職場の風土と密接にかかわっています。よって年功序列から脱するには、社員の価値観や行動にも変容が求められます。

例えば、三菱ケミカルは、ジョブ型雇用の導入にともない、50歳以上の管理職を対象に希望退職を募集しました。その発表の際、「50歳過ぎの方が年功序列でつけると思っていたのに（ポストを）若手にとられていく。じくじたる思いをする人をサポートする」「主体的に自分のキャリアを決めてほしい。ご賛同頂けない方には転身を支援する」と説明しました。[5]

終身雇用の崩壊や雇用の流動化が当然のようにいわれる今日においても、仕事内容や仕事ぶりによらず、年功でポストにつけると考える人が少なからずいるのです。

もちろん、そのような価値観は、環境によってつくられた面が大いにあるでしょう。入社して20年30年と、会社の人事発令を唯々諾々と受入れ、順応することを求められ、転職することも例外的だったのかもしれません。決して、社員だけの責任ではありません。

ジョブ型雇用に抜本転換するには、人事制度の改革や職場の運用の見直しだけでなく、社員にも変化が求められるのです。

「ジョブ型雇用」は改革スローガン

人事制度を繰り返し変えてきた日本企業が、人々の価値観に深く入り込み、雇用システムの基軸でもある年功序列を廃す改革を「人事制度の見直し」と呼んでも、推進力は得られません。

とくに、仕事ぶりに応じて給与を決める人事制度では、待遇が良くなる社員だけでなく、悪くなる社員も生まれます。後者にとっては、この人事制度改革は労働条件の不利益変更であり、反発が起きます。

一方、ジョブ型雇用への転換により、「グローバルスタンダードな人事制度を構築する」「プロフェッショナルに最適な人事制度を整備する」という方針であれば、企業の競争力を高める改革として、多くの社員から賛同が得られ、表立った反対は少ないでしょう。

しかも、「メンバーシップ型雇用からジョブ型雇用へ」という改革スローガンは、革新的で発展的な印象を受けます。ジョブ型雇用を掲げることで、企業は人事制度の抜本改革を推進できます。

大企業が相次いで、「メンバーシップ型雇用からジョブ型雇用へ」という改革方針を打ち出すのは、これからは「人物（勤続年数や年齢）ではなく、仕事内容で待遇を決める」という改革の方向性をはっきり伝えることができ、また、強力な改革スローガンになるからです。

2　ジョブ型とメンバーシップ型

欧米企業と日本企業の違い

もともと、ジョブ型とメンバーシップ型という対比は、欧米企業と日本企業の雇用契約の違いを説明する概念として生まれたものです。

雇用契約それ自体の中には具体的な職務は定められておらず、いわばそのつど職務が書き込まれるべき空白の石版であるという点が、日本型雇用システムの最も重要な本質なのです。こういう雇用契約の法的性格は、一種の地位設定契約あるいはメンバーシップ契約と考えることができます。日本型雇用システムにおける雇用とは、職務ではなくてメンバーシップなのです。

〔図表3-1〕ジョブ型雇用とメンバーシップ型雇用の違い

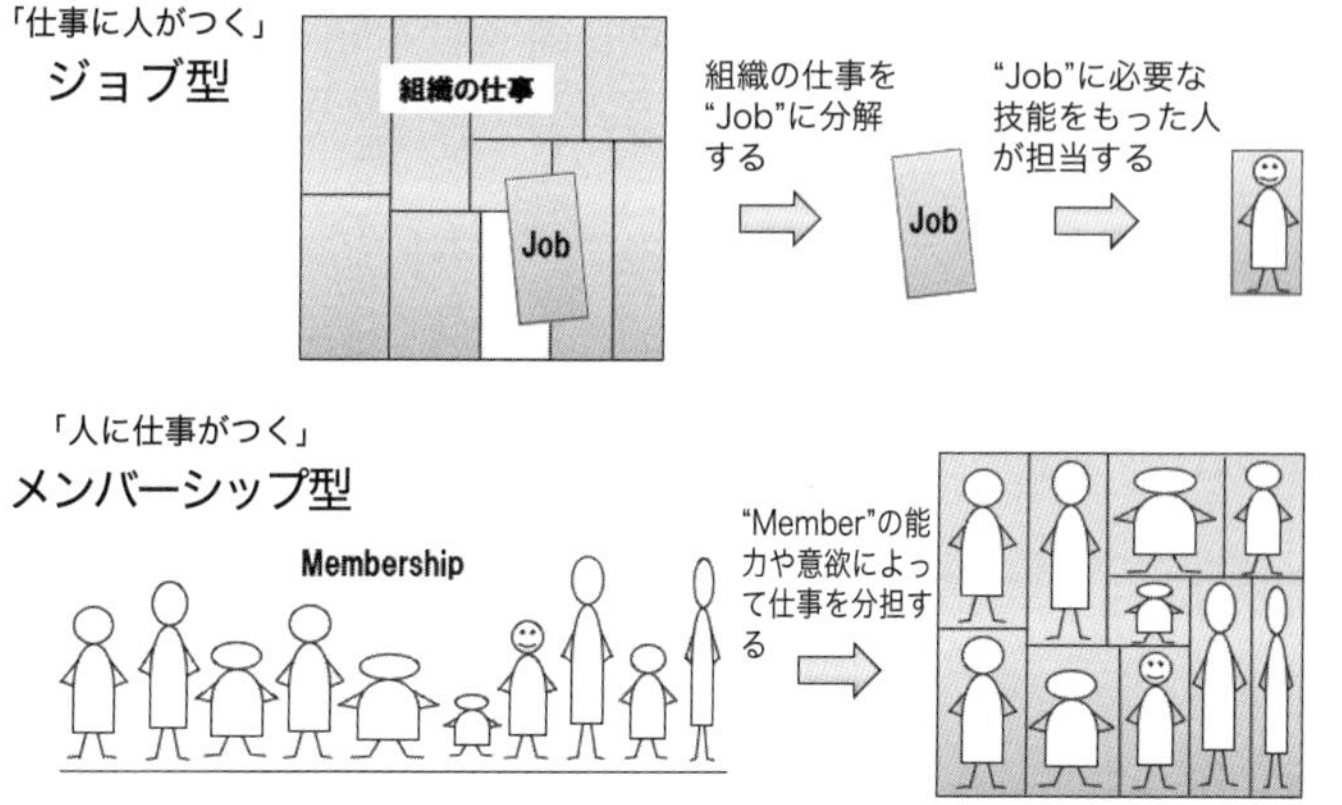
「仕事に人がつく」
ジョブ型
組織の仕事
Job
組織の仕事を
"Job"に分解
する
Job
"Job"に必要な
技能をもった人
が担当する
「人に仕事がつく」
メンバーシップ型
Membership
"Member"の能
力や意欲によっ
て仕事を分担す
る

出所：中村天江（2020）『採用のストラテジー』慶應義塾大学出版会

提唱者である濱口桂一郎氏は、このように述べています。[6] そこで本稿では、企業が人と仕事をどのように結びつけているかに注目して、日本企業の人事制度改革の内実を考察していきます。

人と仕事のマッチングが逆

ジョブ型雇用では、職務の内容を先に定めて、その職務の適任者を探すので、仕事に人がつきます。それに対し、メンバーシップ型雇用では、組織の構成員に仕事をわりふるので、人に仕事がつきます〔図表3-1〕。

仕事に人がつくジョブ型雇用では、職務の範囲が先に決まっているので、「ここまでは自分の仕事。ここからは他人の仕事」という境界がはっきりしています。職務の重要性や難易度が高くなれば給与も連動して高くなる一方で、どれだけ意欲があっても、その職務につかない限りは経験をつめないという厳しさもあります。

一方、人に仕事がつくメンバーシップ型雇用では、組織の構成員それぞれの強みや志向に応じて仕事を分担するため、仕事の幅を広げやすいという特徴があります。

逆に、本人のスキルや意欲によって仕事の境界が変わるため、貢献度に比べて給与が高すぎる・安すぎるという不整合も起こります。政府が「同一労働同一賃金」というスローガンのもとで是正しようとした正規・非正規の不合理な待遇格差も同根です。

このようにジョブ型雇用とメンバーシップ型雇用では、人と仕事のマッチングの順序が逆になります。

対極のシステム

ジョブ型雇用では先に仕事（職務）をみて人を探すのに対し、メンバーシップ型雇用では先に人をみて仕事（職務）をわりあてる。人と仕事のマッチングの順序が逆なこと

〔図表3-2〕ジョブ型雇用とメンバーシップ型雇用の特徴

	ジョブ型雇用	メンバーシップ型雇用
人事制度の起点	職務	人材
仕事の内容	職務範囲が明確	属人的で曖昧
賃金	職務重視	職能重視
評価基準	職務内容・職務成果	職能資格・能力発揮
個人のキャリア形成	主体的／スペシャリスト	受動的／ジェネラリスト
企業主導の人事異動	難しい	しやすい
外部労働市場での移動	しやすい	難しい

出所：筆者作成

に起因して、ジョブ型雇用とメンバーシップ型雇用では、雇用システムのさまざまな特徴が反対になります〔図表3-2〕。

ジョブ型雇用では、給与が職務内容によって決まるため、どの職務に従事するかで給与が上下します。職務内容を限定して雇用契約を結ぶので、職務内容が大きく変わる配置転換には本人の同意がいる一方で、個人は仕事の幅や難易度が高くなる仕事を求めて、主体的にキャリアを形成していきます。ジョブ型の社会では、職務をベースに経験を重ねていくため、スペシャリストが育ちます。

対して、メンバーシップ型雇用では、職能資格が重視されるため、経験年数が長くなれば賃金は右肩あがりで上昇します。企業主導で職務内容の変更をともなう人事異動が行われ、社員はジョブ・ローテーションによって企業特殊的な仕事の仕方を身につけます。個人のキャリア形成は受動的で、ジェネラリストを育成する仕組みになっています。

職務記述書から始まる

ジョブ型雇用では、年功という一律の基準ではなく、仕事内容に応じて待遇が変動します。よって日本企業は、年功や年齢による層別の雇用管理を一度解体して、再構築しなければなりません。

ジョブ型雇用のある企業の人事部長は次のようにいいます。

ジョブ型雇用って大変ですよ。膨大な仕事を分解して、それぞれの職務記述書をつくって、さらに毎年更新していかなければなりません。そのうえで、社員を適切に評価し、本人にフィードバックし、納得させなければならない。人材マネジメントにパワーと時間が非常にかかります。

このようにジョブ型雇用は、導入するのにも、運用するのにも、手間がかかるのです。負担を軽減するために、最初から職務すべてに職務記述書を整備するのではなく、内容が近い職務をまとめて職務記述書を整備する企業もあります。この場合は、年功による層別管理から、職務レベルによる群別管理に移行しているといえるでしょう。

ジョブ型雇用の導入は、自社の雇用システムのどの範囲を変えるのかというサブシステムの境界設定から始まるのです。

ジョブ型雇用の導入手順

ジョブ型雇用を導入する具体的なステップは下記の通りです。

最初に、ジョブ型雇用の対象となる職務や社員群を決定します。ジョブ型雇用導入による制度改革は、賃金や任用、評価、育成と影響が広範囲におよぶため、いきなり全職務や全社員を対象とはせず、管理職やエンジニアなどから制度を変えるのが一般的です。一部の職務（社員）だけに留めるのか、全職務（社員）に広げるのかは、企業によってさまざまです〔図表3-3〕。

〔図表3-3〕ジョブ型雇用の導入パターン

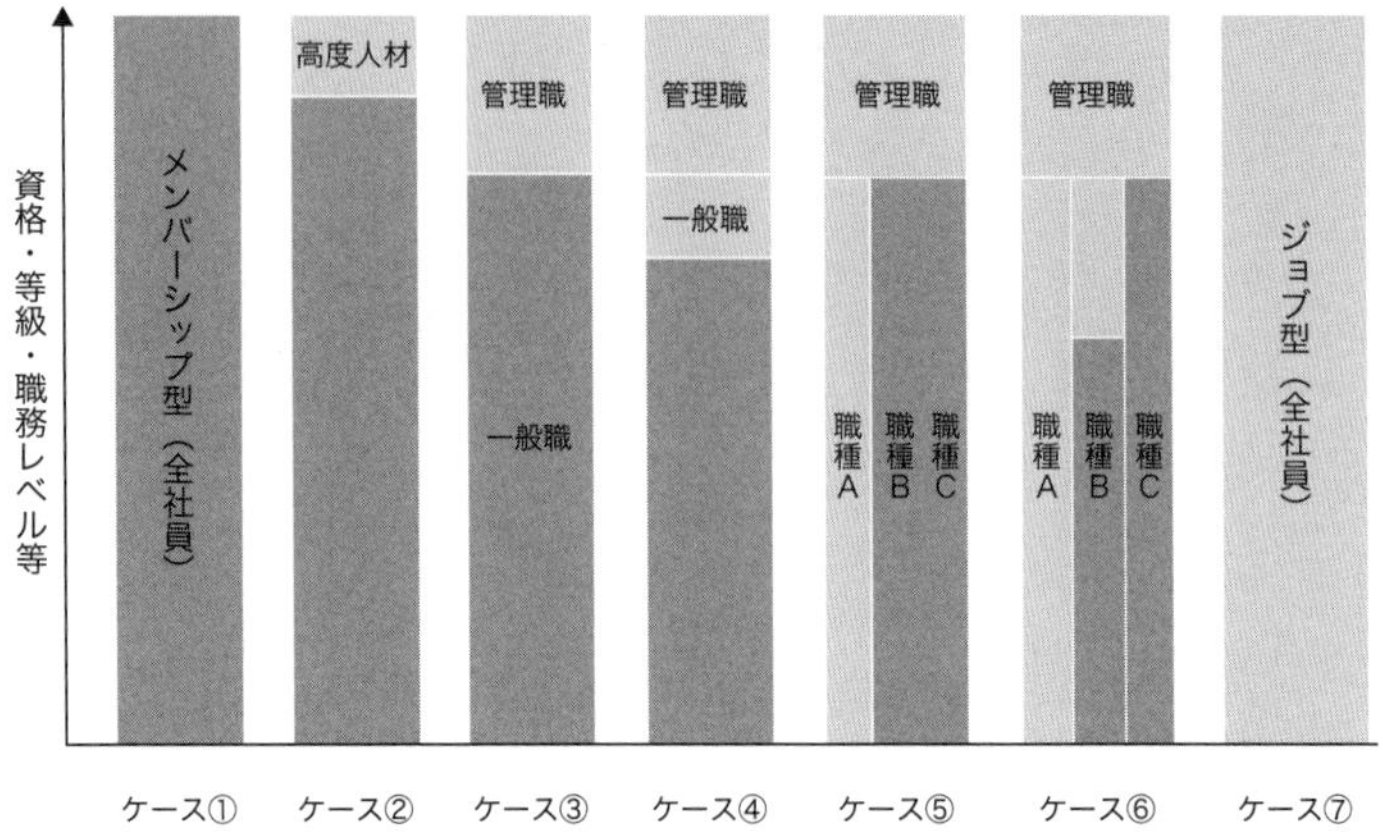

出所：日本経済団体連合会（2021）「2021年版 経営労働政策特別委員会報告」

次に、職務の分解と職務記述書の整備です。職務記述書を、対象社員が行っているすべての職務ひとつひとつに対して整備する企業もあれば、代表的な職務グループごとにまとめて職務記述書を整備する企業もあります。

さらに、職務等級と給与水準の設定です。職務レベルに応じて給与制度のどこに位置づけるのか、給与水準も見直すのか検討します。

そして、職務等級と役職の対応です。部長、課長…という役職任用の硬直性がジョブ型雇用導入の一因になっているため、ジョブ型雇用導入のタイミングで、役職の位置づけや呼び方を見直す企業もあります。

ジョブ型雇用を導入するためには、まずこのようなステップが必要です。これらができて初めてスタート地点に立つことができます。

数年かけて抜本転換

メンバーシップ型雇用とジョブ型雇用は、雇用システムを形成する諸要素の特徴が反対なうえ、雇用システムは、人々の価値観や教育、労働市場の仕組みと密接に関係しており、これらが相互補完的・相互依存的にシステムを形成しています。

さまざまな要素が相互補完的・相互依存的に組み上がっているシステムにおいて、ある部分だけを、他の要素に入れ替えて、これまで以上に機能させるのは容易ではありません。メンバーシップ型雇用の日本企業が、対極にあるジョブ型雇用に転換するのは、新会社でジョブ型雇用の仕組みをつくるより、はるかに難しいのです。

ジョブ型雇用にいち早く転換しつつある日立製作所や資生堂はいずれも、ジョブ型雇用への転換を経営課題と位置づけ、数年がかりで取り組んでいます。

ジョブ型雇用は、企業が楽をするためではなく、手間をかけてでも社員のポテンシャルに向き合うための仕組みととらえるべきものであり、ジョブ型雇用に転換するのには、時間と手間をかける覚悟が必要不可欠です。

3　日本的ジョブ型雇用

人事制度のバリエーション

では、日本企業が欧米のジョブ型雇用を取り入れ、人事制度を進化する道筋にはどのようなものがあるのでしょうか。筆者は大きくわけて4つのカタチがあると考えています。

4つとは、「ジョブ型雇用」「ジョブ型採用」「ジョブ型雇用とタレントマネジメントの併用」「ロール型雇用」です（図表3-4）。

「ジョブ型雇用」とは、欧米企業のジョブ型雇用と類似の仕組みを導入するものです。日本企業は有期雇用の社員やアルバイト・パートの社員に対しては、すでにジョブ型雇用を行っています。

〔図表3-4〕人事制度改革の選択肢

	メンバーシップ型雇用	ロール型雇用	ジョブ型雇用	ジョブ型採用	タレントマネジメント
人事制度の起点	人材	人材	職務	職務	人材
仕事の内容	属人的で境界が曖昧	役割が明確	職務が明確	職務が明確	期待が明確
賃金	職能重視	役割重視	職務重視	職務重視 ※市場評価を考慮し、高く設定	
評価基準	職能資格・能力発揮	役割等級・役割成果	職務等級・職務成果	職務等級・職務成果	期待達成度・今後の可能性
個人のキャリア形成	ジェネラリスト	プロフェッショナル	スペシャリスト	スペシャリスト	プロフェッショナル
企業主導の人事異動	しやすい	しやすい	難しい	難しい	戦略的に行う
外部労働市場での移動	難しい	しやすい	しやすい	しやすい	しやすい

出所：筆者作成

「ジョブ型採用」は、雇用制度すべてをジョブ型にするのではなく、人材獲得において局所的にジョブ型を取り入れるものです。

「ジョブ型雇用とタレントマネジメントの併用」は、ジョブ型雇用の導入と同時にタレントマネジメント施策を強化するものです。日本企業はいままで、人材起点で制度を整備し、マネジメントを行ってきました。職務起点のジョブ型に転換すると同時に、人材起点の施策も強化することで、ジョブ型の長所と日本企業らしさを両立します。

「ロール型雇用」は、職能と職務の中間にある「役割」を重視して、人事制度を整備するものです。役割は職務と違い、「誰がどのような役割を担っているのか」という人材に着目するため、日本的雇用と親和性が高いのです。ロール型雇用では役割に応じて給与が変動します。

以下では、「ジョブ型採用」「ジョブ型雇用とタレントマネジメントの併用」「ロール型雇用」の順に、それぞれのカタチを説明していきます。なお、「ジョブ型雇用」に関しては、話者や場面によって意味することや関心のポイントが異なることから、本稿全体を通して論じることとします。

4 ジョブ型採用

熾烈な人材争奪戦

冒頭でも述べたように、日本企業がジョブ型雇用を検討する大きな理由に、優秀・有望な人材の獲得とリテンションがあります。とくに先端技術に関わる人材の争奪戦は熾烈で、名だたる大企業であっても、外国企業やベンチャーに人材が流出しています。

　そこで、一部の職種に限定して、高額の報酬や特別な待遇を設定した採用を行う企業が増えています。

　２０１７年の新卒採用で、ＤｅＮＡがＡＩ人材に対して初任給６００～１０００万円を提示する人事制度を導入し、注目を集めました。ソニーもＡＩ人材に対して新卒初任給を２割引き上げ、ＮＥＣも新入社員や若手社員に１０００万円払う制度を導入しました。

　人材育成は手厚い一方で、国際的にみれば給与が低いＮＴＴグループは、研究開発人材の３割が引き抜かれるなどしており、最高３０００万円まで報酬を払えるように人事制度を改めました(7)。

　新卒一括採用のもと初任給は横並びで、理系人材の処遇が相対的に低かった日本において、これだけ幅のある給与制度への変更は画期的です。

「ジョブ型採用」の定義

このように職務を限定して、市場評価を考慮し、その企業の標準的な金額よりも高い報酬を設定して人材を獲得するのが、「ジョブ型採用」です。

ジョブ型採用は、人事制度全体をジョブ型雇用に転換するのではなく、人材獲得の場面に限定して、局所的にジョブ型雇用の仕組みを導入するものです。ジョブ型雇用への転換は影響範囲が極めて大きいため、人材獲得に限定してジョブ型雇用の要素を取り入れるのは、現実的な選択です。

経団連は2020年の経労委報告において、ジョブ型採用に関して次のように述べています（傍線は筆者による）。

採用面においては、新卒者と中途・経験者の割合、その方法の見直しが考えられる。従来型の新卒一括採用に加え、特にジョブ型の人材に対して、中途・経験者採用や通年採用をより積極的に組み合わせるなど、採用方法多様化・複線化を図っていく。

（中略）こうした高度人材に対して、市場価値も勘案し、通常とは異なる処遇を提示してジョブ型の採用を行うことは効果的な手法となり得る。

職務を限定する採用は、経験者採用では非常に一般的なため、職務を限定しただけでは新たな採用方法とはいえません。ジョブ型採用の本質は、「市場評価を考慮して、通常よりも高い報酬を設定する」ところにあると筆者は考えています。

人材獲得力が高まる

実際、通常よりも高い報酬を設定する採用は、企業の人材獲得力を高めることがわかっています〔図表3-5〕。

筆者らが日本・フランス・アメリカの企業人事を対象に行ったタレント採用の調査データを分析したところ、「通常よりも高い報酬の提示」は、日本では募集・選考の成果も、雇用後のパフォーマンスなどの成果も高めることが確認できました。

一方、アメリカやフランスは、「通常よりも高い報酬の提示」がタレント獲得に有意

〔図表3-5〕人材獲得力を高める要因

	採用の成果⇒	日本 募集・選考	日本 雇用後	フランス 募集・選考	フランス 雇用後	アメリカ 募集・選考	アメリカ 雇用後
雇用の前提	事業戦略に即した要員・採用計画の立案			+++	++	++	
	戦略実現のための人事制度や働き方改革	+	+		+++	++	
募集・選考	特別なキャリアパス	++		+			
	通常よりも高い報酬の提示	(+)	++				
	求める人材にあわせた選考手法	+			+	+++	
	スキルや経験の基準の引き下げ			+	−−		
	募集・選考プロセスの成果		+++		+++		+++
採用ハブ	中央集権型（採用の合否決定人事）	−−−	+		−	−	(−)
組織間	採用体制の構築と役割分担	+++		+++			
	人事部門と配属部門の連携		(+)		+		+++

出所：中村天江（2020）『採用のストラテジー』慶應義塾大学出版会を一部改

な影響を与えていません。

アメリカやフランスでは職務内容や市場評価に応じて報酬を提示するのが当たり前なので、これによってことさらの差が生まれないのに対し、これまで企業の内部衡平性を重視して給与を設定してきた日本では、高い報酬の設定がそのまま人材獲得力につながるためでしょう。

上方移動できる雇用流動性

実は、日本と海外の雇用流動性の違いは、勤続期間が長いか短いかよりも、待遇の上昇をともなう労働移動ができるか否かにあります。

平均勤続年数は、日本は12・1年のところ、アメリカ4・2年、フランス11・2年、ドイツ

〔図表3-6〕転職による変化

	年収が5％以上増えた	役職が上がった	会社規模が大きくなった	会社規模が小さくなった	業種が変わった	職種が変わった
日本	45.3%	10.1%	20.6%	18.2%	31.8%	28.0%
アメリカ	77.2%	42.6%	22.8%	7.7%	20.0%	15.5%
フランス	75.2%	41.4%	21.4%	5.9%	19.8%	20.3%
デンマーク	70.6%	41.3%	25.2%	9.1%	28.0%	19.6%
中国	88.9%	52.0%	23.4%	5.1%	26.2%	15.8%

出所：中村天江（2021）「低賃金を甘受してきた日本の労働者ボイスメカニズムの衰退と萌芽」『一橋ビジネスレビュー』2021年春号

10・5年、デンマーク7・2年です[8]。日本とアメリカの平均勤続年数には大きな開きがありますが、全体でみれば日本だけが際立って勤続年数が長いとはいえません。

その一方で、アメリカやフランスでは、転職により年収が5％以上増える人が70％、役職が上昇する人が40％を越えているにもかかわらず、日本では転職により年収が5％以上増える人は約45％、役職が上昇する人は約10％しかいません。転職により会社規模が小さくなる割合も、日本だけが突出して高くなっています〔図表3-6〕。

ジョブ型の労働市場では、給与や役職が上昇するキャリアアップ転職が可能なのに対し、メンバーシップ型の日本ではリセット型の転職を余儀なくされるのです。

現在、日本の労働市場は、雇用は流動化しているにもかかわらず、上方移動の転職ができないという中途半端な状態にあります。ジョブ型採用は、日本の労働市場にキャリアアップ転職を広げるものでもあるのです。

5　ジョブ型雇用とタレントマネジメントの併用

人材起点の日本企業

ジョブ型採用はジョブ型雇用の局所的な導入ですが、それとは反対に、ジョブ型雇用導入に際し、それ以上の広範囲な人事制度改革に取り組む企業もあります。とくに人事部がしっかりしている大企業では、単に職務記述書を整備し、給与制度を見直すにはとどまらない包括的な人事制度改革に取り組んでいます。

例えば、ＫＤＤＩや味の素は、「ジョブ型雇用とタレントマネジメントは両輪」と明言しています。

前述したように、ジョブ型雇用は組織の仕事を先に分解して、仕事に人をつける仕組みです。しかし、日本企業はこれまで組織の構成員（メンバー）をみて、仕事をわりふってきました。

「こんな強みや志向、個性のある社員がいるから、この仕事を任せよう」と、日本企業は人材ありきで配置や活用を決めてきたのです。人材採用でも、海外のように職務要件とはいわず、日本では人材要件ということが多くあります(9)。

そのため日本企業には、人の顔を想定せずに職務を分解し、人材の個性よりも職務記述書を優先して仕事分担を決める純粋なジョブ型雇用とは相容れない風土があります。

KDDIの人事制度改革

では、日本企業はどのようにジョブ型雇用を取り入れているのでしょうか。「ジョブ型雇用とタレントマネジメントは両輪」というKDDIの取り組みをご紹介します。

KDDIは、2019年にジョブ型採用である「WILLコース採用」を始め、2020年に職務領域を明確にしたジョブ型の人事制度を、まずは制度導入以降に入社した社員を対象に適用しました。2022年には全ての総合職社員まで広げる予定です。

KDDI版ジョブ型人事制度は「プロを創り、育てる制度」を目指すもので、「市場

〔図表3-7〕KDDIの人事制度

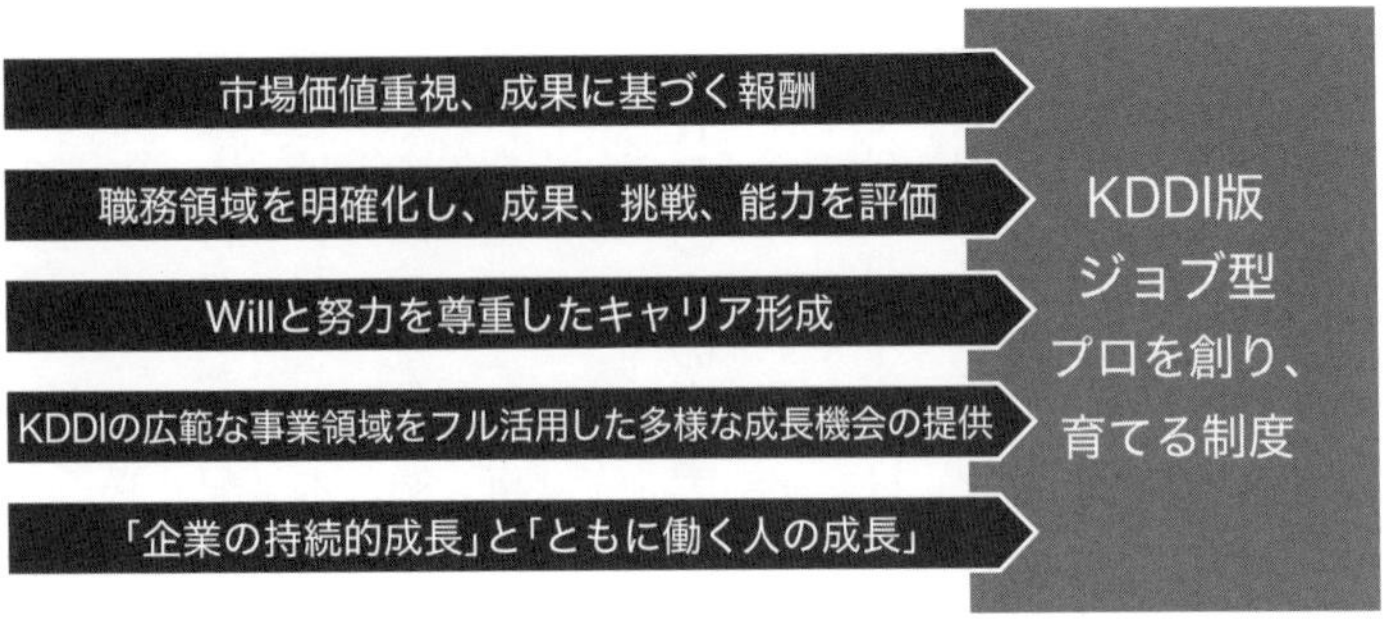
市場価値重視、成果に基づく報酬
職務領域を明確化し、成果、挑戦、能力を評価
Willと努力を尊重したキャリア形成
KDDIの広範な事業領域をフル活用した多様な成長機会の提供
「企業の持続的成長」と「ともに働く人の成長」
KDDI版
ジョブ型
プロを創り、
育てる制度

出所：KDDI

価値重視、成果に基づく報酬」「職務領域を明確化し、成果、挑戦、能力を評価」「Ｗｉｌｌと努力を尊重したキャリア形成」「ＫＤＤＩの広範な事業領域をフル活用した多様な成長機会の提供」「『企業の持続的成長』と『ともに働く人の成長』」を重視して設計されています（図表3-7）。

たしかに「職務領域の明確化」や「市場価値の重視」は、欧米のジョブ型雇用の特徴です。その一方で、「育てる制度」や「広範な事業領域を活用した多様な成長機会の提供」といった点は、企業が社員に向き合い、機会を提供するという意味で、職務起点というより人材起点の施策です。

ＫＤＤＩの人事本部長・白岩徹氏は、「ＫＤＤＩ版ジョブ型人事制度は、専門能力と人間力の両方を兼ね備えた人財を育成し、『ＫＤＤＩらしさ』を大切にしながら『ジョブ型の長所』も取り入れるもの」だと説明します。

ジョブ型雇用の長所を取り入れはするものの、欧米企業の人事制度を完全に模倣するわけではないのです。

加えて、社員のキャリア自律を促す取り組みも強化しています。まず、社員と上司の「1 on 1」（一対一の面談）や社内副業制度により、社員の自律性を重んじるようにしました。上司による部下のキャリア支援を実効性あるものにするために、リーダー研修も繰り返し実施しています。

また、独自のタレントマネジメントシステムも構築しました。このシステムを通じて、人事は、必要な経験やスキル・資格を明示した職務記述書を全社員に公開します。社員は業務経験やスキル、キャリアプランの希望部署を登録し、希望者はその情報を公開できます。

このシステムにより、社員はキャリアの目標をみつけ、研鑽を積むことができ、事業部門は必要な人材をスムースに発掘できるようになります。内部労働市場を活性化するためにも、タレントマネジメントシステムが必要なのです。

ＫＤＤＩでは、このような大がかりな人事制度改革を、現場に浸透させるための施策も熱心に行っています。

社長ブログでのメッセージ発信や、経営層が社員に語りかけるタウンホールミーティングを開催するなど、役員層から社員に、改革の狙いや目指す方向性を直接伝える機会を数多く設けています。

ジョブ型人事制度が適用される総合職に対しては、職位別の制度説明会や本部別の浸透活動も行い、新人事制度に対する理解や浸透がどこまで進んでいるかを把握するための定期的なモニタリングも実施しています。加えて、労働組合とも連携し、労使一体となって新人事制度の普及に努めています。

ＫＤＤＩのジョブ型雇用への転換は、このように改革の範囲が広く、職務と人材、両方の仕組みを同時に強化しているところに特徴があります。

タレントマネジメントの拡大

タレントマネジメントとは、企業の競争優位につながる人材の獲得や能力開発、引き留めを目的とした人事施策のことです。タレントマネジメントは、職務（ジョブ）ではなく、人材のほうを見た人事施策です〔図表3-4〕。

欧米では、マッキンゼーの"The War for Talent"などを契機として、[10]2000年以降、タレントマネジメントを導入する企業が急増しました。

どこの国の企業も、どんなに優秀な人材を獲っても、その人の経験や能力を活かせる仕事につけられなければ、人材のポテンシャルは発揮されませんし、どんなに精緻に職務を分解しても、その仕事ができる人をみつけられなければ、絵にかいた餅です。

つまり、メンバーシップ型雇用であれ、ジョブ型雇用であれ、最終的に重要なのは人と仕事を結びつけることです。自社が獲得しうる人材に見合った職務の分解でなければ意味がないし、職務の分解に合った人材を獲得できなければ意味がないのです。

いまや欧米のエクセレントカンパニーは、単なるジョブ型雇用ではなく、ジョブ型雇用とタレントマネジメントを併用しています。

タレントマネジメントでは、中央集権的な人事部（タレントマネジメント部）が、人材の獲得や能力開発、待遇などを設計します。一般に、欧米企業は日本企業に比べて人事機能が事業部門に分権化されていますが、タレントマネジメント部は日本の本社人事に近い役割を担っています。

タレントマネジメントを重視する流れは、欧米企業が日本的雇用の長所を取り入れているともとらえられます。

ゴールは「止揚」

欧米企業は、もともと職務起点のジョブ型雇用が浸透しているので、そこに人材起点のタレントマネジメントを付加するようになりました。対する日本企業は、もともと人材起点のメンバーシップ型雇用を行ってきたので、職務記述書を整備するなどのジョブ型雇用の導入が人事制度改革の要になっています。

つまり、日本企業も欧米企業も、本気で競争力の高い人事制度を目指す場合は、「メンバーシップ型vsジョブ型」といった二者択一の選択にはなりません。職務と人材、それぞれをどうマネジメントして、どう効果的に結びつけるのか。両方を統合する力が求められます。

実際、日本の大企業にジョブ型への転換についてうかがうと、タレントマネジメントという言葉はでてこなくても、人材に対する取り組みを強調されます。

〔図表3-8〕日本企業が目指しているゴール

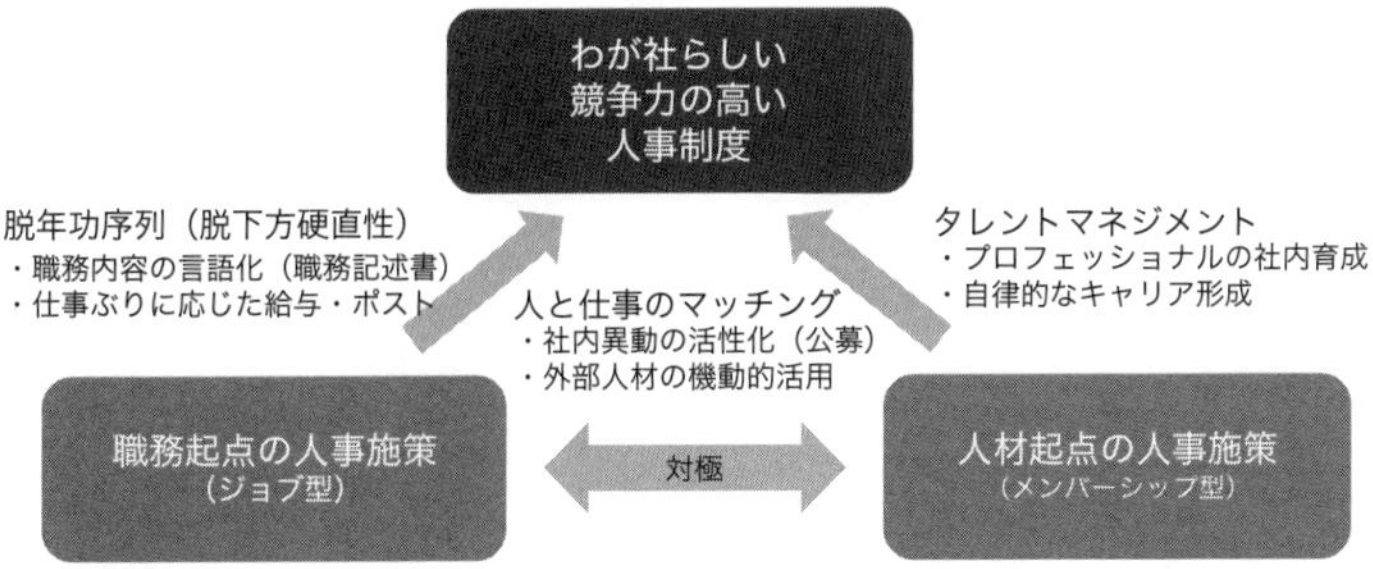

出所：筆者作成

例えば、「ジョブ型雇用を導入するのと併行して、人材開発委員会によって社員ひとりひとりのキャリアパスを検討していく」「『ジョブをデザインして適所を設計する』『人材の質を高め適材を育成する』の両方を循環させていく」「社員のキャリア自律を高めるために自己申告制の社内異動を可能にする」といったものです。

いま、日本企業が目指しているのは、単にジョブ型雇用を導入することではなく、これまで築いてきた人材起点の人事をベースに、ジョブ型雇用の長所を取り入れて、環境変化に適応できる競争力の高い人事制度を再構築する「止揚（アウフヘーベン）」ととらえるほうが適切です〔図表3-8〕。

6　ロール型雇用

ジョブ型雇用ブームの弊害

新型コロナウイルス感染症の拡大によるテレワークの広がりや、経団連の経労委報告とその後のマスコミ報道が重なり、2020年突如、ジョブ型雇用ブームが勃発しました。それまで専門家のなかに閉じていたテクニカルタームが、実務課題を解決する特効薬として広く注目されるようになったのです。

しだいに筆者の元にも、「これからはジョブ型雇用ですよね」「わが社もジョブ型雇用を導入すべきでしょうか」「ジョブ型雇用にする必要性を感じていないのだが、それではだめなのか」といった問い合わせがくるようになりました。

筆者としては、「ジョブ型雇用を導入したほうがいい企業もあるが、そうでない企業もある」「ジョブ型雇用を導入・機能させるには大変な労力がいるため、確たる意志もなく、安易に飛びつくのは危険である」と考えていました。

とくに、経団連企業のように、人事部門がしっかりしていて、雇用制度がきちんとつくりこまれている企業がジョブ型雇用を目指すのは経営判断ですが、給与制度の整備や目標管理制度の運用ができていない企業が、ジョブ型雇用を絶対視するのは危険だと感じていました。

日本社会全体でみれば、経団連企業のようにリソースが潤沢な企業はごく一部です。例えば、賃金表や昇級表が十分に整備されていない企業も3割近くあるのです[11]。にもかかわらず、多くの企業がジョブ型雇用というマジックワードに踊らされているように、筆者にはみえました。

「ロール型雇用」を提唱した理由

そのような問題意識をもっていたため、2020年9月、「目指しているのは「ジョブ型雇用」ではなく「ロール型雇用」ではないか?」という私論を公開しました[12]。関連するコメントが日経新聞にも掲載されたので、御存知の方もいるかもしれません[13]。

「ロール型雇用」とは、組織の職務を分解して、職務記述書を整備するところから人事制度を組み上げるのではなく、個人が担っている仕事の役割をベースに、待遇を決定する仕組みです。

具体的には、仕事内容を役割等級というものさしで等級付け、待遇を決定します。誰が担当するか顔のみえない職務記述書を整備するのでなく、社員それぞれが担っている仕事内容を言語化し、待遇を決定するのです。

メンバーシップ型雇用が職能重視、ジョブ型雇用が職務重視であれば、ロール型雇用は役割重視の人事制度です〔図表3-4〕。

ロール型雇用を提唱したのは、企業がジョブ型雇用で解決したい課題の多くは、必ずしもジョブ型雇用でなくても解決できるからです(14)。筆者の分析により、役割を明確にすれば、外部労働市場から人材を獲得しやすいこともわかっていました(15)。

前述したように、日本企業では、制度はあっても運用がともなわない事態が頻発しています。よって、改革と運用の負担が小さい人事制度でなければ、どんなに画期的な制度であったとしても、課題解決にならないことが懸念されます。

であれば、対極にあるジョブ型雇用への抜本転換を目指すよりも、メンバーシップ型雇用の問題点を解決し、ジョブ型雇用の長所を取り入れる中庸の制度を目指すほうが現実的です。人材起点の人事管理を行ってきた日本企業にとって、ロール型のほうが改革のハードルも運用の負荷も小さく、親和性が高いと考えたのです。

役割は、職務と職能の中間

ではいったい、「ロール（役割）」と「ジョブ（職務）」の違いはどこにあるのでしょうか。

デジタル大辞泉によると、職務とは「その人が担当している仕事。役目。つとめ」、役割とは「社会生活において、その人の地位や職務に応じて期待され、あるいは遂行しているはたらきや役目」です。職務が仕事・つとめなのに対し、役割は期待されることであり、本人のはたらきであるところに違いがあります。

日本とアメリカの人事制度を比較した石田・樋口（2009）は、[16]社員等級制度を、「職務等級」「役割等級」「職能等級」の3つに分類し、役割は職務と職能の中間的概念だと整理しました。日本では2000年以降、役割ベースの人事制度を導入する企業が増えています。

このような変化をふまえ、石田氏らは、人基準の人材マネジメントを行ってきた日本企業では、4つの理由で職務等級制度よりも役割等級制度のほうが主流になるだろうと述べています。

4つの理由とは、役割等級は把握すべき対象が職務等級と違い「人」のため日本的雇用慣行に適合的である、年功的処遇の問題は職務等級でなくとも役割等級により解消できる、役割等級では各等級に必要とされる規定に能力を置くことができるため人材育成と連携をはかりやすい、役割であれば処遇を供給サイドではなく需要サイドで決定できるからです。

この指摘は、冒頭で説明した日本企業がジョブ型雇用を導入したい理由と照らし合わせても整合的です。世界共通の人事制度ではなく、日本において効果的な人事制度を模索するのであれば、ジョブ型雇用ではなく、役割ベースの人事制度で十分なのです。

役割等級制度もジョブ型？

ところが、企業実務の現場では、役割等級制度と職務等級制度の違いは曖昧模糊としています。例えば、東芝は下記のように説明しています。(17)

同社は、２０２０年４月に人事処遇制度を改定しており、全社的に「役割等級制度」を導入した。同制度では、従業員が社内で担うべき「役割」を明確化し、役割の大きさにもとづく役割等級を取り入れた。プロ従業員も、この一般従業員向けに設定された役割等級制度と同じ段階数で、格付け管理されている。役割等級に応じて「給料」の金額が設定されているが、その金額は、当然のことながら同じ役割等級に格付けされている一般従業員よりも高い水準に設定されている。（中略）最近はよくジョブ型雇用と話題になっているが、まさに当社のプロ制度はジョブ型の制度だと言える。

他にも、役割等級制度の導入をもって、ジョブ型雇用への転換であると、複数の企業が説明しています。

厳密には、職務等級制度は職務の内容によって給与が決まるのに対し、役割等級制度はその人が担っている役割によって給与が決まります。前述したように、職務起点の人事制度か、人材起点の人事制度かという点において、職務等級と役割等級は違う仕組みです。

組織の職務を分解して職務内容を記述し、誰が担うのかによらず給与水準を決めるのであればジョブ型雇用、社員が担っている仕事内容の難易度や責任に応じて給与水準を決めるのであればロール型雇用を目指していることになります。

現在、役割等級制度をジョブ型雇用と呼んでいる企業のなかには、前者の手続きをしている企業と、後者の手続きをしている企業が混在しているのです。

しかもややこしいことに、これらの企業とは別に、役割等級制度をすでに導入済みで、それでは足りず、新たに職務等級制度を導入することをジョブ型雇用と称している企業もあります。

つまり、現状、ジョブ型雇用を標榜している企業のなかに、手続きも名称も実体は役割等級制度の企業と、手続きは職務等級制度だが名称は役割等級制度の企業、手続きも名称も職務等級制度で脱・役割等級制度の企業が併存しているのです。

ロール型雇用の企業と、ロール型雇用風のジョブ型雇用の企業と、ジョブ型雇用の企業がいずれも、「ジョブ型雇用」を掲げているのがいまの実態です。

機能不全を起こさない

なぜ役割等級制度では不十分で職務等級制度を導入する企業がある一方で、役割等級制度の導入をもってジョブ型雇用という企業があるのでしょうか。

それは、企業にとっての重要な分岐点が、新たな人事制度を効果的に運用できるかどうかにあるからです。

すでに役割等級制度を導入しているにもかかわらず、新たに職務等級制度を導入する企業の言い分はこうです。まず、役割等級制度は管理職向けの人事制度であり、一般社員に広げるイメージがもてない。加えて、役割等級制度を導入しても、年功による下方硬直性が強く、降格の運用ができない。

一方で、ジョブ型雇用として役割等級制度を掲げている企業は、管理職ではない社員にも適用するつもりですし、役割に応じてポストや給与を下げることも想定しています。

つまり、同じ制度に対する運用のイメージが違うのです。これは、日本企業のジョブ型雇用ムーブメントの真のゴールが、外形的にどのような制度を導入するかではなく、実際の運用にあることを意味します。

真の課題は、運用できる制度はなにか、機能させるために具体的にどのように取り組んでいくかにあります。華々しさより、実効性のほうが重要なのです。

機能する改革とは

このような「役割」と「職務」をめぐる混乱から、日本企業がとりうる選択肢は2つに大別できます。

1つは、職務起点のジョブ型雇用を導入して、実際の制度運用や社員の価値観も含めて抜本的に変革するものです。例えば、海外拠点と共通の人事制度を模索しているのであれば職務ベースの人事制度のほうが拡大展開しやすいでしょう。

もう1つは、人材起点のロール型雇用を導入して、現状からの変革の幅を小さくして、運用の充実に力をいれるものです。

人事制度を精緻にくみ上げるよりも、運用に力をいれたい、いれざるをえない企業であれば、後者のほうが現実的です。また、職務起点より人材起点で人材マネジメントを行いたい企業もロール型のほうが向いています。

すでに役割等級制度を導入している企業は、現状の運用の見直しで課題解決できるのか、職務ベースの人事制度に転換すべきなのか検討が必要です。

7 人事制度改革の行方

日本企業が選んだカタチ

ここまで、日本企業がジョブ型雇用に対してどのように挑んでいるのかを論じてきました。最後に、全体の内容を概観したうえで、今後の展望をまとめておきます。

現在、日本企業が取り組んでいるジョブ型雇用への転換は、従来の有期雇用の社員などを対象としたジョブ型雇用とは異なり、管理職や高度専門人材など、「タレント」を主な対象とした人事制度改革です。とくに年功序列による硬直的な人事制度を完全撤廃し、仕事ぶりや社員の実力に応じた待遇への改革を標榜しています。

とはいえ、人材起点の人材マネジメントを行ってきた日本企業が、職務起点のジョブ型雇用に抜本転換するのは容易ではなく、制度改革は4つの形態にわかれています。

1つめは、雇用システム全体をいれかえるのではなく、人材獲得の場面に限定して、ジョブ型採用を行うことです。ジョブ型採用は、職務を限定し、市場評価を反映して通常よりも高い給与を設定する仕組みです。企業にとって局所的な制度改革で済むため、導入難易度は高くありませんが、人材獲得力を高めることができます。

2つめは、ジョブ型雇用の導入にとどまらず、タレントマネジメント施策も併行して強化する方向です。近年、欧米企業もタレントマネジメントに力をいれており、「ジョブ型雇用+タレントマネジメント」は世界的な潮流です。ジョブ型雇用の導入以上に広範な人事制度改革が必要になりますが、制度改革の背景に人材育成や能力開発が含まれる場合、この形態になることがほとんどです。

3つめは、役割等級制度の導入をもってジョブ型雇用と考える方向です。役割等級制度は職務等級制度と似ていますが、職務ではなく、人材がどのような役割を担っているかを言語化して待遇を決定する仕組みです。ロール型雇用は、メンバーシップ型雇用とジョブ型雇用の中間にある形態のため、日本企業にとって制度改革や運用変更の負担がジョブ型雇用ほど重くありません。

4つめは、人材起点の役割等級制度ではなく、職務起点の職務等級制度を導入する方向です。「ジョブ型雇用への転換」といわれた時に一番イメージする制度改革ですが、タレントを主な対象とした人事制度改革では、人材向けの施策も同時に強化されることが多く（2つめの形態）、職務等級制度の導入だけに留まる企業は少ないように思います。

目指すは二者択一の先

慶應義塾大学産業研究所ＨＲＭ研究会35周年記念シンポジウムは、「ジョブ型VSメンバーシップ型―日本的雇用制度の未来」をテーマに開催されました。

しかし、日本企業の現在の取り組みは、単純なメンバーシップ型雇用からジョブ型雇用への移行ではありません。

企業によっては、ジョブ型雇用の導入を越えた取り組みを行っていますし、企業によっては欧米企業の職務ベースの人事制度とは別の役割ベースの人事制度を導入しています。

ジョブ型雇用とタレントマネジメントの併用は、ジョブ型とメンバーシップ型の止揚ですし、役割ベースのロール型雇用は、ジョブ型雇用とメンバーシップ型雇用の中庸です。

なぜこのようなことが起きるかといえば、人と仕事を結びつけ、有機的に機能させることこそが人事の要諦だからです。人材だけ、職務だけをみても、競争力のある人材マネジメントは実現できないからです。

また、考察を通じ、外形的な制度以上に、その制度を狙い通りに運用できるかどうかが、問われていることも明らかになりました。人事制度改革のゴールは、高らかに改革をうたうことではなく、職場に浸透させ、狙い通りに機能させることです。

「制度はあっても、運用はなし」を繰り返してきた日本企業は、この点をよくよく肝に銘じる必要があります。

内部労働市場の進化

なお、ジョブ型雇用ブームのなかで、ジョブ型雇用と成果主義や、解雇のしやすさを同列に語ることが誤解であることが度々問題になりました。たしかに情報不足・知識不足が、誤解の主な原因なのですが、そのような論点がまことしやかに繰り返されたのは、おそらくもう1つ理由があります。

それは、いま日本企業が取り組んでいるのは、管理職や高度専門人材を主たる対象とした人事制度改革であるという点です。

欧米企業のジョブ型雇用では、ブルーカラーの労働者などは、個別に成果を問われたり、評価のフィードバックを受けたりしていません。[18] 日本企業が有期雇用の社員を対象に行っているジョブ型雇用と類似しています。

けれども、いま日本企業が参考にしたいのは、アメリカ企業で「エグゼンプト」の対象となる社員やフランス企業の「カードル」向けの雇用制度のほうです。アメリカでは、一定の要件を満たす管理職や専門職、運営職（administrative）は、残業時間に対する割増賃金の支払いが免除されます（exempt）。また、フランスでは、学歴が高く、管理職や高度専門職などの仕事についている上位ホワイトカラーのことをカードルとよびます。

とくにタレントマネジメントではアメリカ企業が参照されることが多くあります。アメリカ企業はエグゼンプトの社員に対して評価もしますし、成果を出せなければ、解雇もします。

解雇に関してはすでに、経団連が「『欧米型』のように、特定の仕事・業務やポストが不要となった場合に雇用自体がなくなるものではない」と表明するなど、日本企業は方針をかためつつあります。

残る課題は、内部労働市場の進化です。

職務等級制度のもとで、事業ニーズにあわせて機動的に人を配置するにはどうすればよいのでしょうか。社内公募の拡充により、本人希望による異動を活性化するのは必須でしょう。その際、社員から人気のない職務も担い手がみつかるのか。企業判断での配転をどのように行うのか。また、組織再編の際、職務記述書はどのように再整備するのか。

日本企業は、組織と人の配置に関する柔軟性を、職務等級制度のもとでどのように実現するか考えていかなければなりません。

雇用制度の未来

日本企業にとって「ジョブ型雇用」は改革スローガンです。企業によっては、役割等級制度もジョブ型雇用と呼ぶなど、ジョブ型雇用という言葉は相当に拡大解釈され、濫用されています。

ただし、雇用の領域では、言葉の意味と運動論としての用途がずれることは珍しくありません。

「非正規雇用」は自発的に正社員以外の働き方を選択している人も、「正規でない」とみなすと批判されていますが、賃金や安定雇用に関する正社員との格差を可視化するために使われ続けています。

「同一労働同一賃金」も、本来は正社員と正社員以外の均等・均衡待遇の実現と呼ぶべきものです。そのような批判があってもなお、政府は働き方改革の方向性を端的に伝えるために、同一労働同一賃金という言葉を意図的に使ったようにみえます。

「ジョブ型雇用」も人事制度改革の進路を示すものとして、メディアや人事コンサルタントが積極的に使っています。

これは果たして良いことなのか、それとも、悪いことなのでしょうか。

専門家の世界で見出された概念が、実社会に広く膾炙していく過程では、解釈の揺らぎや拡大がつきものです。拡大解釈され、複数の定義が出現し、適用範囲が広がっていく。その広がりが大きければ大きいほど、元の概念が根源的なのだと筆者は考えています。

ジョブ型雇用はいま、日本において大きく広がりつつあります。ただし、これまでのように「制度はあっても、運用はなし」ではなく、競争力のある人事制度として根付くのかどうかは、これからにかかっています。

ジョブ型雇用という種をまき、育てて花を咲かせるのは、企業の皆さんです。経営者や人事が旗をふり、社員に浸透してこそ、改革は成功です。そして、進化していく「ジョブ型」を発見し、説明するのは、私たち研究者の役目です。

―注―

（1）リクルートワークス研究所（2017）「日・仏・米のタレント採用調査」

（2）石山恒貴（2021）『日本企業のタレントマネジメント―適者開発日本型人事管理への変革』中央経済社

（3）労務行政研究所（2018）「民間企業440社にみる人事労務諸制度の実施状況」

（4）日本経済団体連合会（2020）「2019年人事・労務に関するトップ・マネジメント調査結果」

（5）朝日新聞デジタル（2020年11月4日）「年功序列廃止、管理職の希望退職募る　三菱ケミカル」

（6）濱口桂一郎（2009）『新しい労働社会―雇用システムの再構築へ』岩波書店

（7）日本経済新聞（2019年11月5日）「ＩＴ人材、年収3000万円の衝撃―ＩＴ人材争奪戦（1）」

（8）労働政策研究・研修機構（2019）「データブック国際労働比較2019」

（9）例えばGoogle検索すると、「採用要件」5800万件、「人材要件」1790万件、「職務要件」1110万件である（2021年10月17日時点）

（10）Michels, E., Handfield-Jones, H. and Beath, A.（2001）The War for Talent, Mckinsey & Company. Inc.（マッキンゼー・アンド・カンパニー監訳、渡会圭子訳『ウォー・フォー・タレント』翔泳社、２００２年）
（11）連合（２０２１）「２０２０年度労働条件等の点検に関する調査報告書（全単組調査）」
（12）中村天江（２０２０）「目指しているのは「ジョブ型雇用」ではなく「ロール型雇用」ではないか?-」『研究所員の鳥瞰虫瞰 vol.４』リクルートワークス研究所 https://www.works-i.com/column/works04/detail029.html
（13）日本経済新聞（２０２０年10月８日）「ジョブ型雇用への道筋は（複眼）」、日本経済新聞（２０２１年１月20日）「ジョブ型を甘くみるな人事・組織、根本から見直しを」
（14）Newspicks（２０２０年10月22日）「【独占】リクルート、60年秘伝の「ロール型」組織を初公開」。リクルートの社内では、人事制度はミッショングレード制と呼ばれている。
（15）中村天江（２０２０）『採用のストラテジー』慶應義塾大学出版会
（16）石田光男・樋口純平（２００９）『人事制度の日米比較―成果主義とアメリカの現実―』ミネルヴァ書房
（17）労働政策研究・研修機構『ビジネス・レーバー・トレンド』（２０２０年10月号）「A

I分野などのハイタレント人材を「プロフェッショナル従業員」として雇用――現行の人事制度の枠を超えた報酬での処遇も可能に　株式会社東芝」

（18）濱口桂一郎（2021）『ジョブ型雇用社会とは何か――正社員体制の矛盾と転機』岩波書店

第4章

国家公務員制度と
ジョブ型vsメンバーシップ型

植村隆生

人事院事務総局企画法制課長

本章では、我が国の国家公務員制度と「ジョブ型」、「メンバーシップ型」の関係についてお話させていただきます。なお、本章の内容はあくまで筆者個人の見解であり、筆者が現在所属する機関の見解を代表するものではないことにご留意ください。

1 ジョブ型とメンバーシップ型

2020年4月に新型インフルエンザ等特別措置法に基づいて新型コロナウイルス感染症に関する緊急事態宣言が発出され、政府からの出勤回避の要請に応じて、当初は多くの企業や役所が十分な準備や環境のないまま、自社の社員や職員にテレワークや在宅勤務を認めることになりました。しかし、社員達が自宅等で勤務することになると、我が国において一般的である「メンバーシップ型」の雇用が前提としているような、上司が職場で部下に業務を命じてその進捗状況を随時把握し、必要に応じて指示や助言を行うといった業務管理であったり、上司が日々の仕事や日常的な対面でのコミュニケーションを通じて部下を育成したり（＝ＯＪＴ（オンザジョブトレーニング））といった従来型のマネジメントがやりにくいとか、人事評価や労働時間管理に支障があるといった声が巷に溢れました。そして、その解決策の一つとして「ジョブ型」の雇用が俄に注目を浴びるようになったと認識しています。

しかし、コロナ禍の初期と比べると、現在は、勤怠管理がシステム化された職場が増え、テレワーク用の機材や通信環境の整備も進んでいます。多くの職場ではWeb会議などオンラインでの業務遂行も可能になっています。霞ヶ関の官庁もそうですが、テレワーク時の業務管理や勤怠管理、人事評価のハードルはかなり下がったと感じます。したがって、テレワーク時の業務管理や勤怠管理に着目してジョブ型の導入を議論するにはもはやタイミングが遅い印象です。

一方、メンバーシップ型とジョブ型のイメージが話者によってまちまちなところがあり、そこには誤解も生まれているように感じます。それについては、他章で専門家の皆さまが詳しく解説しているので、ここでは私の理解を簡単に述べます。

私の理解では、メンバーシップ型というのは、「人」が中心の人事管理の仕組みです。端的にいうと、会社や役所に採用された「人」に対して、その能力や適性を踏まえ、組織や上司が適宜に仕事（業務）を割り当てる仕組みです。例えば、国家公務員は、採用試験に合格した者が大学等を卒業して特定の官庁や官署に採用されますが、特定の部署・ポストに配属されるまでは、自分がどの部署でどのような業務を担当することになるのかわかりません。「自分はこの仕事をやりたくてこの役所に入った」と官庁訪問で主張して採用されても、実際にその仕事の担当に就けるかどうかは本人には決められず、学生時代の専攻分野が考慮されるとも限りません。ポスト配属後は、そのポストに就いた職員が代々担当してきた業務を引き継ぎますが、それ以外にも上司から様々な業務を与えられますし、省内の他部署や他府省との調整に奔走したり、政治家や自治体、所管業界からの陳情に対応したり、日々、様々な仕事が舞い込みます。また、1~2年で定期異動があり、他の部署に異動すれば、一からその仕事について勉強することになります。

一方、ジョブ型というのは、「仕事（職務）」が中心の人事管理の仕組みです。霞ケ関の官庁でも、最近は、管理職のポストなどについて、その業務に求められる専門的な知識や経験、資格を有する者を省内外から登用するため、ジョブディスクリプション（職務記述書）を明示して公募を行い、応募者の中から選考による能力実証を経て採用するケースが少しずつ増えています。多くの場合は2年や3年といった任期の定めがあり、その間は特定の仕事において期待された成果を上げるため、その者の専門性や経験を活かして働くことになります。このように、特定の仕事（職務）が先にあって、その仕事をこなす能力や経験、資格を有する人材を採用するのがジョブ型のイメージです。

2　1947年国家公務員法制定時に予定されていた人事制度

本章のテーマである「国家公務員制度とジョブ型vsメンバーシップ型」について論じるに当たり、まずは少し紙面を割いて、第二次世界大戦後の我が国の国家公務員の人事制度や人事管理の歴史を振り返ってみたいと思います。

国家公務員にとって憲法とも言える法律が国家公務員法です。この法律は戦後直後の1947年に制定されました。当時の我が国は米国を中心とする連合国軍の占領統治下にあり、連合軍総司令部（GHQ）は、日本の民主化を進めるに当たって、戦前の身分制的・閉鎖的な官吏（国家公務員）制度を廃止し、それに代わる民主的な国家公務員制度の柱となる仕組みとして「職階制」を導入しようとしました。

職階制は、我が国の国家公務員の人事管理を戦前の「人」中心から「官職（職務と責

〔図表4-1〕1947年国家公務員法制定時に予定されていた人事制度（職階制）

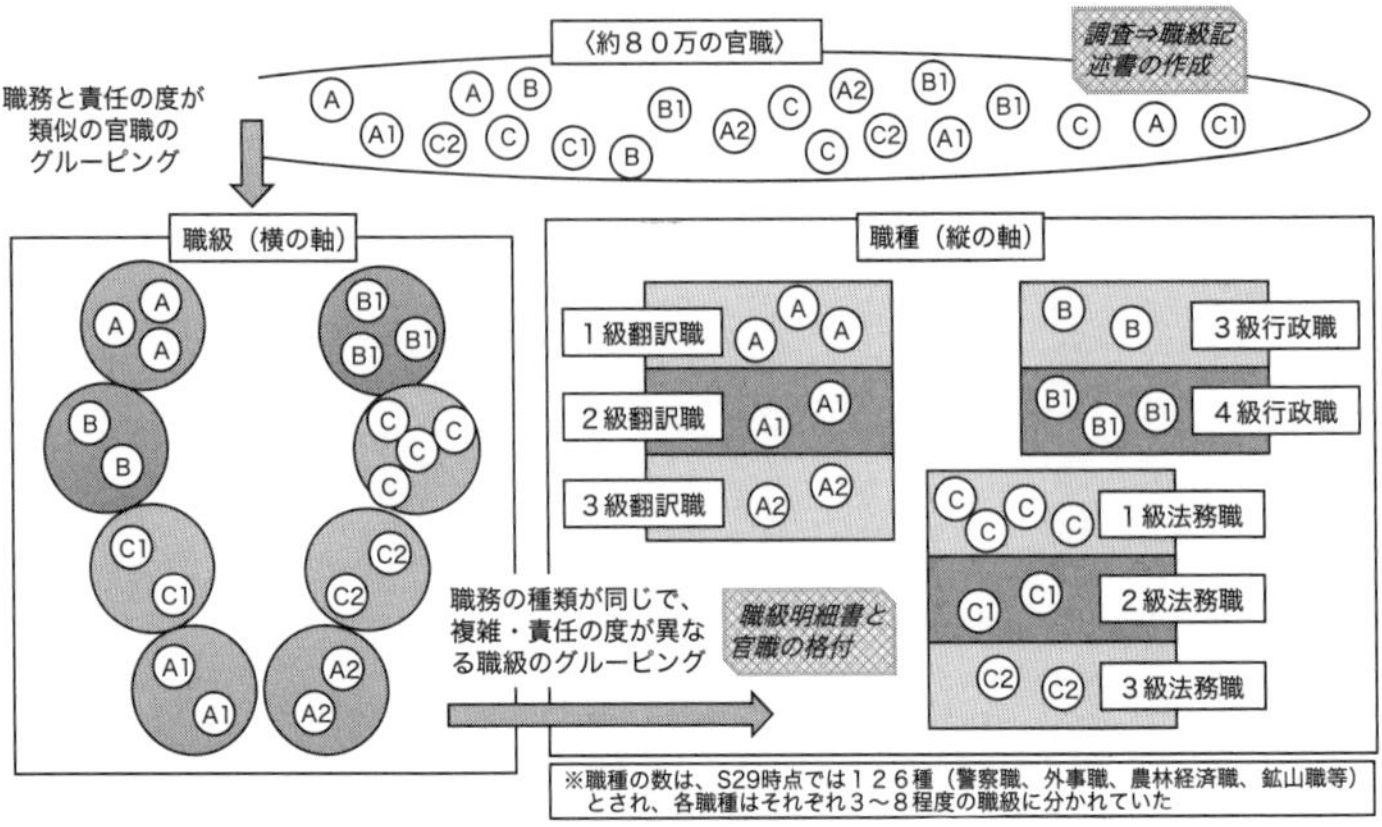

出所：福田紀夫『リレー解説　第17回　職階制とその後』人事院「人事院月報平成21年８月号」を基に作成

任）」中心へと抜本的に転換しようとするものでした。つまり、職階制は今で言うところの「ジョブ型」の先駆けといえます。GHQが職階制を我が国に導入しようとした背景に、職務分類制度に基づく統一的給与制度やメリットシステム（成績主義）、開放型任用制といった当時の米国公務員制度の主流であった「ジョブ型」の仕組みがあったことはいうまでもありません。

　職階制の具体的な仕組みについては、〔図表4-1〕及び〔図表4-2〕をご覧ください。

　〔図表4-1〕にあるように、まずは国の行政機関にある全ての官職（＝ポスト。

〔図表4-2〕職階制と任用・給与のイメージ

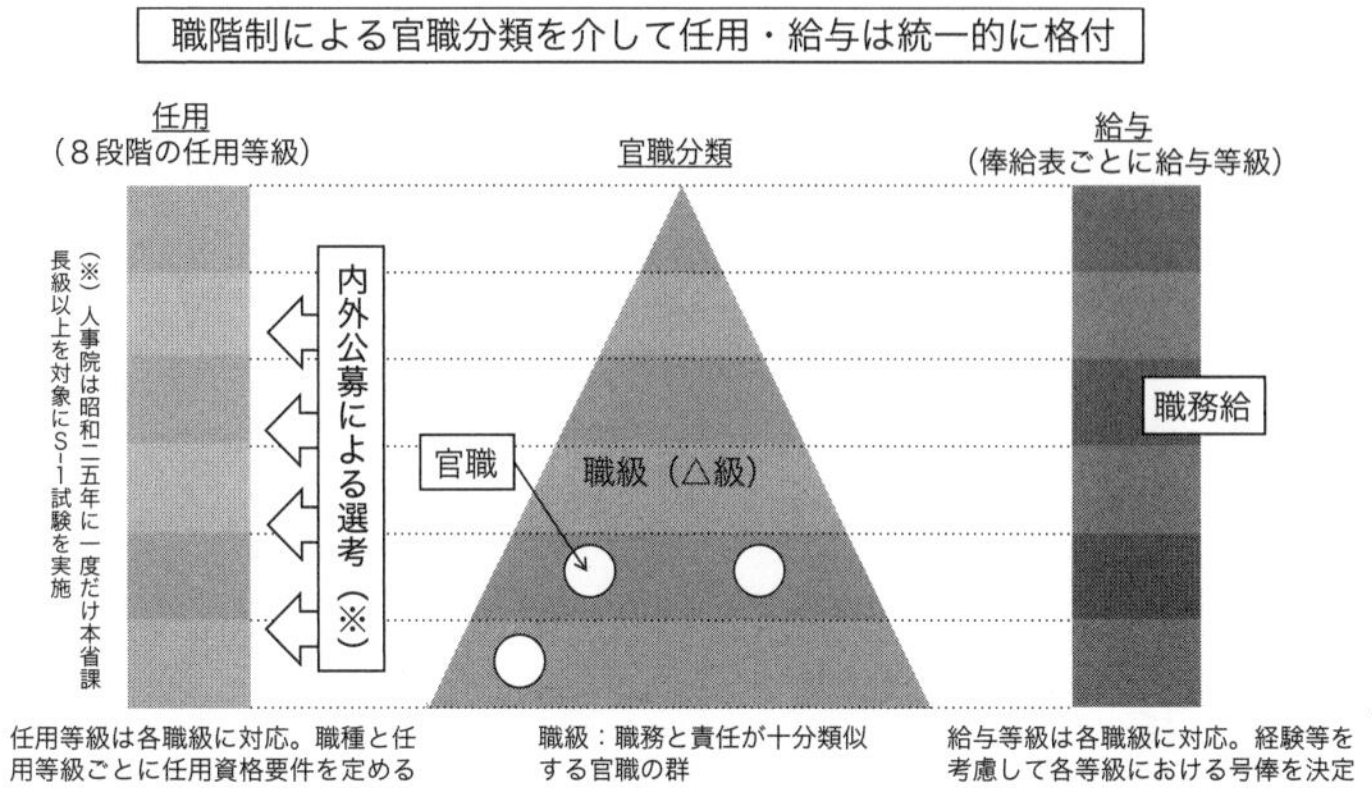
職階制による官職分類を介して任用・給与は統一的に格付
任用
（8段階の任用等級）
官職分類
給与
（俸給表ごとに給与等級）
（※）人事院は昭和二五年に一度だけ本省課長級以上を対象にS－1試験を実施
内外公募による選考（※）
官職
職級（△級）
職務給
任用等級は各職級に対応。職種と任用等級ごとに任用資格要件を定める
職級：職務と責任が十分類似する官職の群
給与等級は各職級に対応。経験等を考慮して各等級における号俸を決定

出所：新人事制度研究会「国家公務員の新たな人事制度—人事評価を活用した任免・給与等の実務」（PM出版、2010年）に掲載の図を基に作成

当時は約80万官職）について職務調査を行い「職務記述書」を作成します。次に、その内容を分析して職種ごとの職級の職務と責任を具体的に記した「職級明細書」を作成します。そして、職級明細書に基づいて約80万の官職を各々の職級に当てはめることにより、官職を分類するというものでした。

具体的な分類は二段階で行うこととされていました。第一段階では、官職を職務と責任の度が類似のグループごとに分類します（〔図表4-1〕のAだけのグループやB1だけのグループがそれです）。これらを「職級」と呼びます。第二段階では、職務の種類（A、B、C

…）が同じで複雑・責任の度（0、1、2…）が異なる職級をグループ化します（A、A1、A2…）。これらを「職種」と呼びます。〔図表4-1〕の翻訳職（1級、2級、3級…）や法務職（1級、2級、3級…）が職種です。

職種の数は、専門分野により細分化された結果、簡素化の努力はなされましたが、1954年時点で126種もあったようです。また、各職種はそれぞれが3から8程度の職級に分かれていました。

〔図表4-2〕は、職階制が実現した場合に想定されていた任用と給与のイメージです。図の左側の任用と右側の給与は中央の職階制による官職分類を介して統一的に格付けられることになっていました。

任用においては、異なる職種間を含め全ての官職の上下関係を明らかにするため、各職種に共通の任用等級（8段階）を設けて各職級との対応関係を整理しました。また、任用制度から身分的な要素を排除し、任用は「官職への欠員補充」であることを徹底するため、職種と任用等級ごとに任用資格要件を定めるとともに、官職に欠員が生じた際には内外公募による選考で欠員を補充することとし、任用資格要件を通じて職務遂行能力を検証することが予定されました。

一方、給与においては、「職務給原則」の実現のため、各職級と俸給表ごとに設ける給与等級との対応関係を整理しました。これにより、職級が決まれば俸給表と給与等級が決まることになります。さらに、給与等級ごとに号俸が定められ、職員の経験等を考慮して各給与等級の初号俸から最高号俸の間で具体的な号俸（俸給額）が決まる仕組みが予定されました。

3 職階制が実施されなかった主な理由

しかし、結果的に職階制は実施されませんでした。その主な理由を〔図表4-3〕に掲げています。

職階制は典型的なジョブ型の制度であり、その特徴は、〔図表4-3〕の左側に掲げたように、①官職（仕事）中心、②開放的な任用制度、③スペシャリスト（専門性）重視、④職務給などでした。一方、各省庁において戦前から続いていた人事管理のやり方は典型的なメンバーシップ型でした。その特徴は、〔図表4-3〕の右側に掲げたように、①「人」中心、②閉鎖的・身分的な任用制度、③ジェネラリスト重視、④職能給などです。

〔図表4-3〕職階制が実施されなかった主な理由

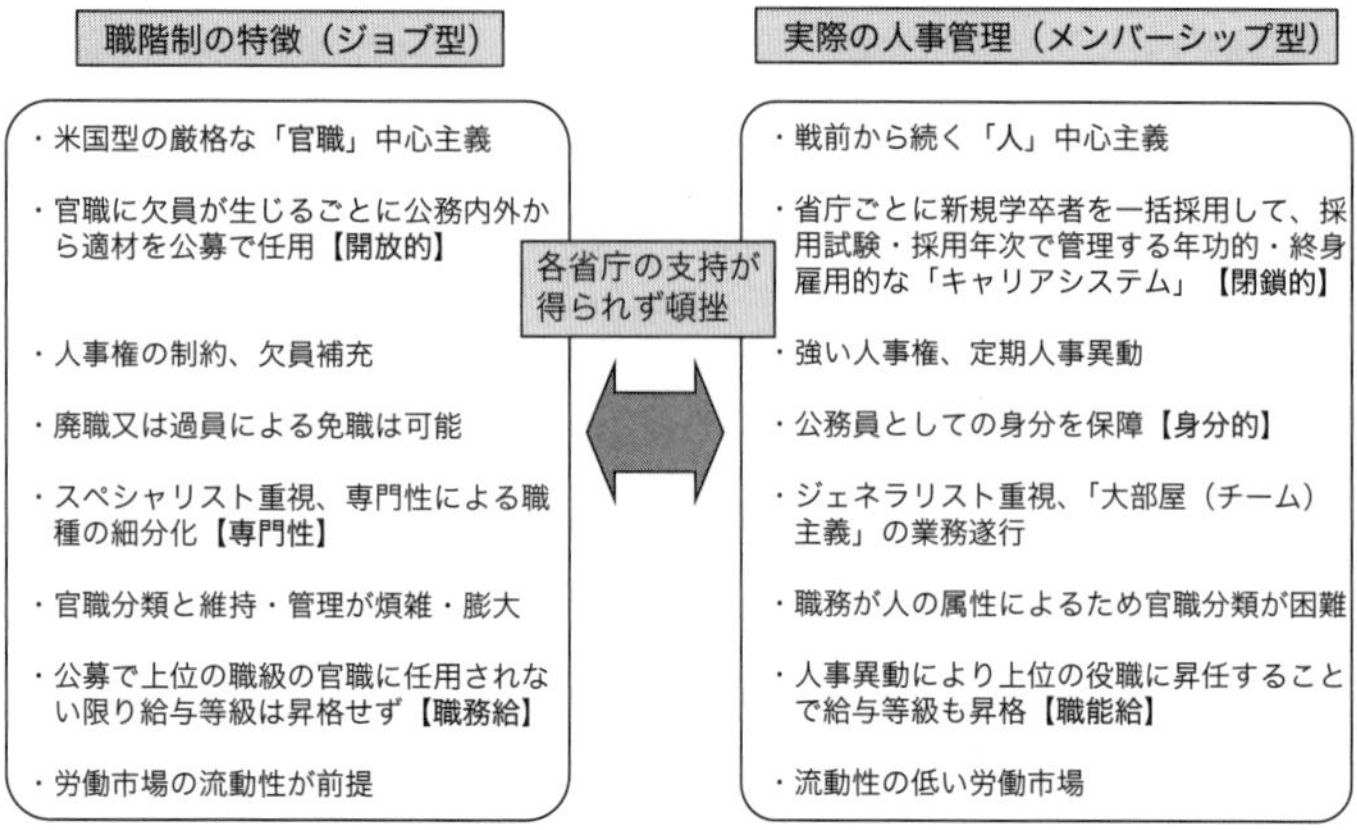
職階制の特徴（ジョブ型）
・米国型の厳格な「官職」中心主義
・官職に欠員が生じるごとに公務内外から適材を公募で任用【開放的】
・人事権の制約、欠員補充
・廃職又は過員による免職は可能
・スペシャリスト重視、専門性による職種の細分化【専門性】
・官職分類と維持・管理が煩雑・膨大
・公募で上位の職級の官職に任用されない限り給与等級は昇格せず【職務給】
・労働市場の流動性が前提
各省庁の支持が得られず頓挫
実際の人事管理（メンバーシップ型）
・戦前から続く「人」中心主義
・省庁ごとに新規学卒者を一括採用して、採用試験・採用年次で管理する年功的・終身雇用的な「キャリアシステム」【閉鎖的】
・強い人事権、定期人事異動
・公務員としての身分を保障【身分的】
・ジェネラリスト重視、「大部屋（チーム）主義」の業務遂行
・職務が人の属性によるため官職分類が困難
・人事異動により上位の役職に昇任することで給与等級も昇格【職能給】
・流動性の低い労働市場

出所：筆者作成

職階制が実施されなかった理由は様々ですが、職階制の制度が理念的・技術的になりすぎた面もあると思います。例えば、厳格な官職中心主義や公務内外から適任者を任用するという開放的なオープンシステムの考え方が我が国の組織のあり方やそれまでの人事風土と適合しなかったこと、公務組織は巨大な組織であり、かつ、その時々の行政ニーズに合わせて組織や業務の組み替えがある中で、官職分類をメンテナンスしていくためには膨大な作業が必要であり、事務負担等のコストが割に合わなかったこと等が挙げられます。

こうした理由から、実際に制度を運用して職員の人事管理を行う立場である各省庁からは、積極的なメリットが感じられないだけでなく、むしろ自分達の人事権を制約されかねない制度でありデメリットの方が大きいと受け止められた結果、支持が得られなかったと言われています。さらにいえば、1951年にサンフランシスコ講和条約が締結され、職階制の強力な推進力であったGHQが日本を去ったことも一因と思われます。

4 2007年国家公務員法改正前までの公務員制度と人事管理

国家公務員法により職階制の実現を期待された人事院は、1952年に職階制の実施案を国会に提出し、人事院規則等を整備しましたが、実施には至りませんでした。また、同年、職階制の任用への活用について人事院規則8－12（職員の任免）を制定し、翌年には、職階制に基づく給与準則案（法律案）を国会及び内閣に勧告しましたが、やはり実施には至りませんでした。その後、職階制を簡素化して実施する道も模索されましたが、結局実現には至らず、職階制の導入は頓挫しました。

その結果、ジョブ型である職階制の導入を前提とした国家公務員法の下で、各省庁は従来どおりメンバーシップ型の人事運用を続けることになりました。一方、制度官庁である人事院は、職階制が実現できない中でも、職階制が掲げた理念を踏まえて、任用制度における「官職中心主義」、給与制度における「職務給原則」の建前を維持しつつ、これらの原則の下で、「人」の要素など各省庁の人事管理の実情と調和を図りながら、任用制度・給与制度の運用に当たりました。そうした中で、職階制の代替的な役割を果たしたのが給与制度でした。

給与制度においては、職種ごとの17の俸給表（2021年時点）と、俸給表ごとに職務の複雑・困難・責任の度に応じて給与等級（職務の級）が設けられています。給与等級には、それぞれ標準的な職務（級別標準職務）が定められるとともに、省庁ごとに会計別、組織別、職名別の定数（級別定数）が定められています。また、職員をより上位の給与等級に昇格させる際の基準として給与等級ごとの資格基準（級別資格基準）が定められ、資格基準を満たした職員の中から級別定数の範囲内で昇格者が選ばれる仕組みになっています。

このように、職種ごとの俸給表並びに俸給表ごとに職務の複雑・困難・責任の度に応じて定められた給与等級ごとの級別標準職務及び級別定数によって規定される給与制度上の職務分類が、２００７年に国家公務員法が改正されるまでの間、職階制の予定して

〔図表4－4〕2007年国家公務員法改正までの公務員人事管理

※1952年には職階制導入を事実上断念。半世紀超、暫定制度を運用。2007年に職階制は廃止

暫定制度の構造：給与の職務分類を任用の基礎として利用 ⇒「給与による人事管理」

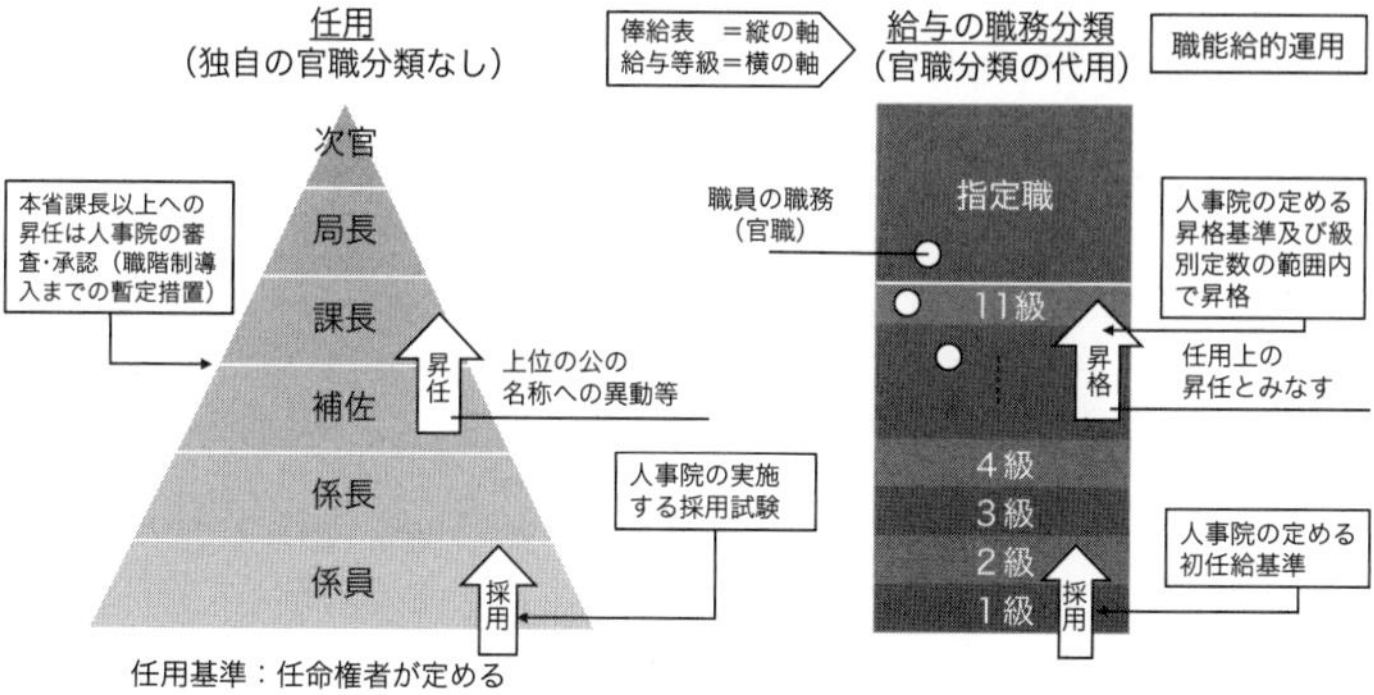

出所：新人事制度研究会「国家公務員の新たな人事制度―人事評価を活用した任免・給与等の実務」（PM出版、2010年）に掲載の図を基に作成

いた官職分類を代替するものとなり、任用の基礎としても機能することになりました。

一方、任用制度においては、2007年の国家公務員法改正までの間、独自の官職分類の仕組みが整備されませんでした。そのため、より上位の官職（役職段階）への異動（昇任）は「上位の公の名称の職への異動等」などと抽象的な定義は置かれたものの、官職と官職の間の上下関係が必ずしも明確ではなく、給与上の昇格を「任用上の昇任とみなす」とするなど、給与制度に基礎を置いた仕組みとなっていました。

5　2007年国家公務員法改正と職階制の廃止

各省庁においては、昭和20年代以降、職員が合格した採用試験の種類別（国家公務員採用上級（Ⅰ種）試験、中級（Ⅱ種）試験、初級（Ⅲ種）試験など）や区分別（事務系、技術系等）、採用された年次別に人事管理（昇進管理）が行われてきました。中でも「キャリア」と呼ばれた上級（Ⅰ種）試験からの採用者（特に事務官）は他の「ノンキャリア」と比べて昇進が早く、批判の対象にもなりました。こうしたキャリア、ノンキャリアといった採用試験による区別や年次主義の人事管理に法的な根拠はなく、戦前の身分制的な官吏制度の下で高等文官試験の合格者を高等官として制度上他の官吏と厳格に区別して管理していたものを、制度が廃止された戦後においても運用上引き継いだものといわれています。

その際、本来は人事異動（任用）の基準を定める任用制度において、職階制が予定していた任用等級（職級）ごとの任用資格要件や公募による選考を通じて職務遂行能力を検証する仕組みは導入されず、代わりに任用の基礎となった給与制度における昇格基準

（級別資格基準）は、職員が合格した採用試験の種類と学歴免許等ごとに、「必要在級年数」（職員が昇格する場合の資格として必要な1級下位の給与等級に在級した年数）及び「必要経験年数」（職員の給与等級を決定する場合の資格として必要な職員として在職した年数）という形で職員の勤続年数を昇格管理の基準にしていたため、級別資格基準が採用試験や採用年次による硬直的な人事管理を助長しているといった批判もなされました。

その後、21世紀を迎え、2001年の中央省庁再編や情報公開法の成立、規制緩和等の行政システム全般の改革が急速に進む中で、行政の組織及び運営を担う国家公務員の人事管理の在り方についても新たな時代にふさわしいものに改めていくべきとの国民的な機運が高まりました。長い議論を経て、2007年に、公務員制度改革の第一段として、能力・実績主義の人事管理の徹底と再就職に関する規制の導入を二本柱とする国家公務員法の一部改正法が成立しました。そして、この法改正により、職階制が形式的にも完全に廃止されました。

2007年改正法のポイントの一つは、〔図表4-5〕に掲げたように、職員の人事管理について、採用年次や採用試験の種類にとらわれてはならず人事評価に基づいて適切

〔図表4－5〕2007年国家公務員法改正（職階制の廃止）

第27条の2（人事管理の原則）
職員の採用後の任用、給与その他の人事管理は、職員の採用年次、合格した採用試験の種類（略）にとらわれてはならず、この法律に特段の定めがある場合を除くほか、人事評価に基づいて適切に行われなければならない。

同34条（定義）
二　昇任　職員をその職員が現に任命されている官職より上位の職制上の段階に属する官職に任命することをいう。
五　標準職務遂行能力　職制上の段階の標準的な官職の職務を遂行する上で発揮することが求められる能力として内閣総理大臣が定めるものをいう。
②　前項第五号の標準的な官職は、係員、係長、課長補佐、課長その他の官職とし、職制上の段階及び職務の種類に応じ、政令で定める。

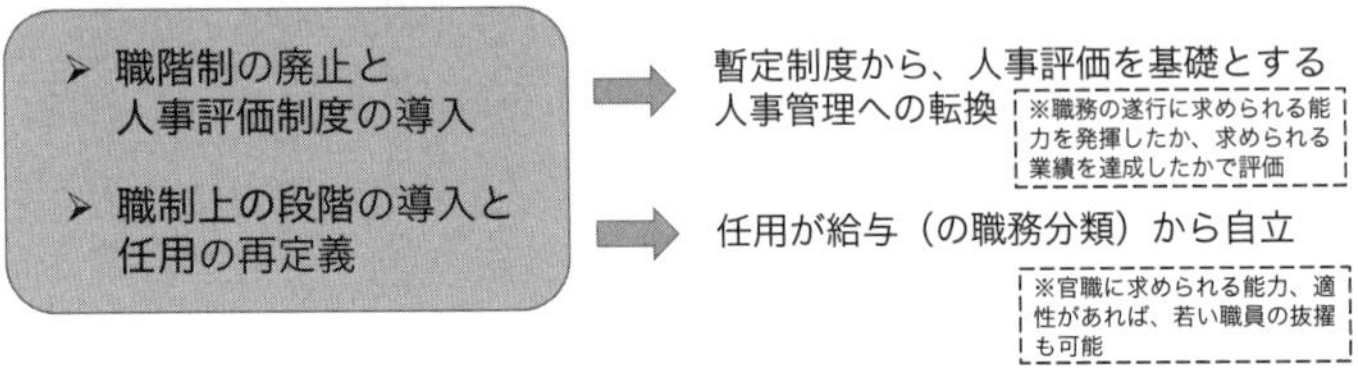
➢ 職階制の廃止と人事評価制度の導入
➢ 職制上の段階の導入と任用の再定義
暫定制度から、人事評価を基礎とする人事管理への転換
※職務の遂行に求められる能力を発揮したか、求められる業績を達成したかで評価
任用が給与（の職務分類）から自立
※官職に求められる能力、適性があれば、若い職員の抜擢も可能

に行われなければならないとの基本的な原則（人事管理の原則）を明らかにして、任用、給与などの人事管理の基礎となる新たな人事評価制度を導入したことです。これ以降は人事評価制度が職階制に代わり公務員人事管理の上で重要な核となる役割を果たすことになりました。

もう一つのポイントは、能力本位の任用制度の確立です。職員の任用（昇任・転任）は職員の人事評価その他の能力実証によるものとされ、職制上の段階の標準的な官職（例：係員、係長、課長補佐、室長、課長、部長、局長、事務次官）とそれらの官職に必要な標準職務遂行能力を明らかにし、標準職務遂行能力と適性を昇任又は転任の判断基準とすることとされました。これにより、任用制度が給与制度から自立して独自の職務分類を持つことになるとともに、任用に当たっての判断基準が明確化されることになりました。

6　2007年国家公務員法改正後の公務員人事管理

前述したように、2007年の制度改正後は、人事評価の結果が昇任基準（職制上の段階の標準的な官職の標準職務遂行能力と官職への適性）を満たす職員の中から適任者を任用し、職員が任用された官職の職務の複雑・困難・責任の度や職員の勤務成績等に応じて職務の級（給与等級）を決定する仕組みになりました。

新たな仕組みは、職階制が想定していた官職分類と比べて相当簡素化されましたが、任用制度と給与制度がそれぞれの仕組みにおいて一定の職務分類を行うことになりました。これにより、両制度において「縦の軸」（任用：職務の種類（30種類）、給与：俸給表（17種類））と「横の軸」（任用：職制上の段階、給与：給与等級（職務の級））が整備されました。

こうした新たな仕組みの下でも、各府省の人事運用は、新規学卒者を一括採用して計

〔図表4-6〕2007年国家公務員法改正後の公務員人事管理

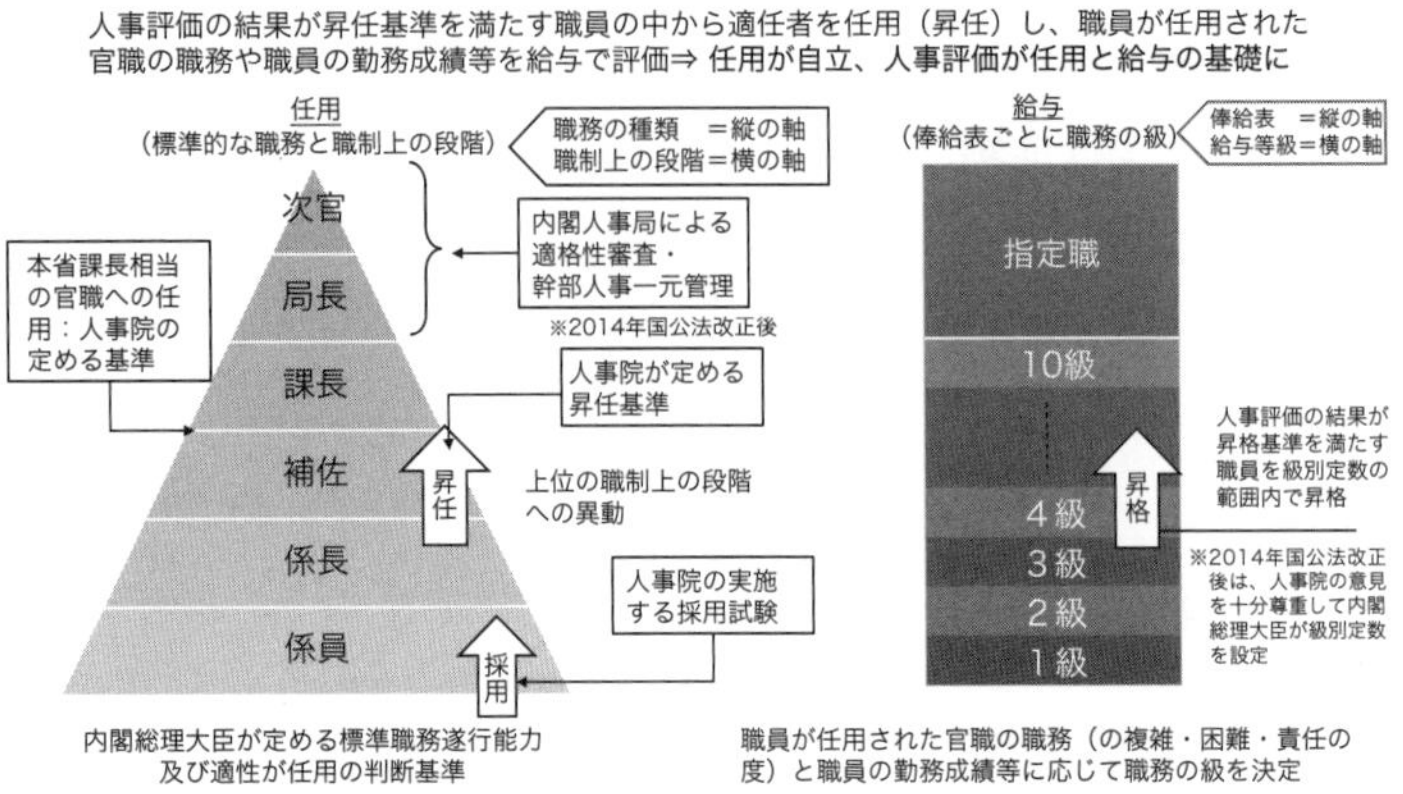

出所：新人事制度研究会「国家公務員の新たな人事制度―人事評価を活用した任免・給与等の実務」PM出版、2010年を基に作成

画的に育成・管理する終身雇用的な「人」中心のメンバーシップ型が基本になっています。しかし、一方で、近年、公務組織における年齢別人員構成の偏りを平準化するため、あるいはデジタル分野など部内育成が困難である高度な専門能力や経験を補うために、中途採用や任期付採用などの多様な採用形態が活用されるようになってきており、変化の兆しも見えます。こうした採用形態には、採用試験を通じた新規学卒者の採用とは異なり、個別の職務や給与を明示して専門性や実務経験を有する人材を対象に広く公募（選考）を行うなど、ジョブ型的な雇用の要素が含まれています。

7 近年の公務員人事管理の傾向

前述のように、近年の国家公務員の人事管理においては、個別の官職についてジョブディスクリプション（職務記述書）を明示して公募による選考採用を行うケースが少しずつ増えています。このように公募の活用を通じて官民の人材の流動性を高める方向性は、2001年に閣議決定された公務員制度改革大綱以来、一連の公務員制度改革が進められる中で強調されてきたものでもあります。2008年に国家公務員制度改革の基本理念や方針を定めるプログラム法として当時の与野党が超党派で成立させた国家公務員制度改革基本法には、〔図表4-7〕のように定められています。

この法律では、第6条（多様な人材の登用等）において、中途採用試験（係長以上の職への採用を目的とした採用試験）を設けること、幹部職員等の職責を担うにふさわしい能力を有する人材を確保するために求められる役割等を明確に示すとともに、公募に付する幹部職員等の職の数について目標を定めること等を定めているほか、第7条（官民の人材交流の推進等）において、官民の人材交流を推進するとともに、官民の人材の

〔図表4－7〕国家公務員制度改革基本法

⇨ジョブディスクリプションの明示や公募の拡大を通じ官民の人材の流動性を高める方向へ

○国家公務員制度改革基本法（平成20年法律第68号）（抜粋）

（多様な人材の登用等）

第６条　政府は、採用試験について、多様かつ優秀な人材を登用するため、次に掲げる措置を講ずるものとする。

一（略）

二　前号の措置に併せ、次に掲げる採用試験の区分を設けるとともに、その内容をそれぞれ次に定めるものとすること。

イ（略）

ロ　中途採用試験　係長以上の職への採用を目的とした採用試験

２～３（略）

４　政府は、幹部職員等に関し、その職責を担うにふさわしい能力を有する人材を確保するため、次に掲げる措置を講ずるものとする。

一　幹部職員等に求められる役割及び職業倫理を明確に示すとともに、これらを人事評価の基準とするための措置を講ずること。

二　公募に付する幹部職員等の職の数について目標を定めるものとすること。

５　政府は、高度の専門的な知識又は経験の求められる職に充てる人材を国の行政機関の内外から登用し、その能力を十分に発揮させるため、兼業及び給与の在り方を見直し、必要な措置を講ずるものとする。

（官民の人材交流の推進等）

第７条　政府は、官民の人材交流を推進するとともに、官民の人材の流動性を高めるため、現行の制度を抜本的に見直し、次に掲げる措置を講ずるものとする。

一　民間企業その他の法人の意向を適切に把握した上で、国と民間企業との間の人事交流に関する法律（平成十一年法律第二百二十四号）第一条に規定する人事交流について、その透明性を確保しつつ、手続の簡素化及び対象の拡大等を行うこと。

二～三（略）

流動性を高めるため、現行の制度を抜本的に見直すこと等を定めています。

国家公務員制度改革基本法が定めている内容の多くは順次制度化されました。しかし、同法の成立から10年以上が経過した２０１９年、自由民主党の行政改革推進本部が政府に提言（「公務員制度改革」の徹底について」）を出しました〔図表4-8〕。この中で同本部は、人材の流動性の向上や幹部制度改革に関する政府の取組は不十分であるとの厳しい評価をしています。特に、幹部制度改革については、「（幹部職員の）職務として「幹部職員に求められる役割を明確に示す」ことは、基本法で明記されているにもかかわらず、実施

〔図表4-8〕「公務員制度改革」の徹底について

○「公務員制度改革」の徹底について（平成31年３月８日自由民主党行政改革推進本部）（抜粋）

1、「公務員制度改革」の徹底

国家公務員制度改革はこれまで、「公務員制度改革基本法」（平成20年）を基礎として進めてきた。

基本法では、「内閣人事局の設置」、「能力・実績主義の徹底」、「人材の流動性向上」、「幹部制度改革」などを重点課題とし、政府に必要な措置を講ずることを求めていた。「内閣人事局の設置」などいくつかの項目は実現された。

しかし、基本法の公布から十年を経て、法律に明定されていながら、いまだに措置されていない改革の重点課題が多く残されており、実質的に改革が実現したとは認められない。

- 能力・実績主義の徹底に不可欠な人事評価の基準として、職務として「幹部職員に求められる役割を明確に示す」ことは、基本法で明記されているにもかかわらず、実施されていない（運用上は、一般的な必要能力の提示や短期的な目標設定などのみ）。
- 幹部職員の公募採用の推進が定められていながら民間からの幹部ポスト登用は、公募によらないものを含めても、政府全体で数名程度（平成29年は６名）にとどまっている。加えて、「幹部職員の公募目標の設定」は、基本法で明定されているにも拘らず、実施すらされていない。
- 厳しい定員管理の下での民間登用や、若手、女性等の抜擢人事に不可欠として導入された「幹部職員の特例降任」は、制度は導入されたが（平成26年国家公務員法改正）、これまでの運用例は皆無であり、結果、民間登用、若手、女性等の抜擢人事は進んでいない。

（中略）

とりわけ幹部職員に係る改革が十分になされず、能力・実績主義の不徹底、年功序列などを引きずったまま、定年の引上げのみを進めれば、少子高齢社会における「官」、「民」を合わせたわが国労働市場全体の改革との整合性を欠くこととなることに加え、国民の血税によって賄われる公務員人件費の拡大をもたらすことは明らかである。また、これを避けようとして、高齢者の給与の一律引下げなどの安易な方策をとれば、後述のように「働き方改革」の基本理念に反し、現在最も重要な政策課題である高齢者の活躍できる環境づくりの足を引っ張り、また、現役世代を含む公務員組織全体の活力減衰をもたらすことにもなる。

こうした事態を避けるためには、定年引上げに先立ち、「能力・実績主義の徹底」（人事評価の運用改善、給与への反映）、「人材の流動性向上」、「幹部制度改革」（役割の明確化、公募の目標設定、降任を含めた柔軟かつ公正・公平な制度への見直し）のための制度改正・運用改善を、まず確実に実施すべきである。

さらに、能力・実績主義を一層貫徹するため、給与制度の見直しこそ重要課題である。公務員制度改革は、優秀な人材が官僚機構に集まり、そうした人材が意欲をもって最大限に能力を発揮できる環境の整備につながらなければならない。

されていない」、「幹部職員の公募採用の推進が（基本法に）定められていながら民間からの幹部ポスト登用は、公募によらないものを含めても、政府全体で数名程度（平成29年は6名）にとどまっている」「「幹部職員の公募目標の設定」は、基本法で明記されているにも拘らず、実施すらされていない」などと批判しており、政府に対してこれらの事項の確実な実施を求めました。

こうした与党・自民党からの厳しい指摘を踏まえ、政府は2021年3月の人事管理運営方針（内閣総理大臣決定・〔図表4-9〕）において、「幹部職員及び管理職員への公募については、公募の取組の成果について、しっかりと検証を行った上で、公募の拡大に

〔図表4－9〕人事管理運営方針

○人事管理運営方針（令和３年３月31日内閣総理大臣決定）（抜粋）

６　能力及び実績に基づく人事管理の徹底
（幹部職員及び管理職員の公募）

（６）幹部職員及び管理職員への公募については、公募の取組の成果について、しっかりと検証を行った上で、公募の拡大に取り組む。具体的には、令和元年度の取組に加え、同２、３年度とあわせて約150ポストを目標に公募を実施して今後の判断材料とすることとし、内閣人事局において、各府省等の取組状況を適時に把握して、必要な調整を行うほか、公募情報の統一的な提供等を目的として新たに開設したホームページによる積極的な情報発信など、各府省等が公募を円滑に行える環境整備等を進めた上で、それらの成果を検証し、同４年度以降の大幅な拡大を含む更なる推進方策を検討する。

７　多様な人材の確保と育成
（略）あわせて、継続的に必要な人材を確保、育成し、専門知識やノウハウを組織的に継承できるよう、各部門・職種において、中長期的な業務量増減や離職動向を見極めた上での新規採用の緩やかな増減や、中途採用、任期付採用、再任用の拡大など多様な採用形態の活用により、職員年齢構成の平準化にも留意した採用を行う。

取り組む」と表明するとともに、多様な人材の確保と育成については、「中途採用、任期付採用、再任用の拡大など多様な採用形態の活用により、職員年齢構成の平準化にも留意した採用を行う」としています。なお、「幹部職員」というのは事務次官や局長、審議官を指し、「管理職員」というのは課長や室長クラスの職員を指します。

8　新自由主義的な観点からの公務員制度改革

なぜ近年、これまでメンバーシップ型の人事管理を基本としてきた国家公務員の世界に人材の流動性やジョブ型的な雇用の拡大が求められるようになったのでしょうか。

今から約20年前に遡りますが、2001年に「公務員制度改革大綱」が閣議決定されました。同大綱以後の公務員制度改革は、官僚主導から政治主導への統治機構の改革と一体で議論されました。同大綱は、「今回の公務員制度改革は、（略）真に国民本位の行政の実現を図ることを基本理念として掲げ、国民の立場から公務員制度を抜本的に改革することにより、行政の在り方自体を改革することを目指すものである」と謳い、「公務員が真に国民本位の良質で効率的な行政サービスを提供するためには、（略）能力本位の人事制度を新たに導入するとともに、職員の意欲と能力に応じた適材適所の人事配置を行うための方策を講ずることにより、公務部内の人的資源を最大限に活用することに加え、外部から多様で質の高い人材を公務に誘致し確保していくことが求められている」としています。そして、「このような観点から、（略）政策立案能力の向上や行政の閉鎖性・硬直性の改善を図るため、民間の有為な人材を弾力的に確保し得るシステムを構築することにより、人事管理権者が、広く多様な人材ソースの中から可能な限りその主体的な判断に基づいて、行政に真に必要で有為な人材を採用できるようにする。また、職員の意欲と能力に応じた適材適所の人事配置を図り、組織活力を高めるため、公募制の積極的な活用を図る」としています。なお、文中の「人事管理権者」というのは各府省（各大臣）のことです。

つまり、官僚制に対する政治の優位を確立して、霞が関の官僚集団を真に国民本位の良質で効率的な行政サービスを提供する集団に改めるためには、公務部内において能力本位の人事制度と適材適所の人事配置を推し進めるとともに、閉鎖的・硬直的な公務員の人事管理に風穴を開けて、政治家である大臣の主体的な判断により官民を問わず有為な人材を弾力的に登用していくことが必要であるとの思想が根底にあります。

その後、紆余曲折を経て、２００８年に公務員制度改革のプログラム法である国家公務員制度改革基本法が成立しました。２０１４年には内閣官房に内閣人事局が設置され、各府省の幹部職員の人事が一元管理されるようになりました。これにより、政治主導（官邸主導）による公務員の人事管理、とりわけ幹部職員の人事管理における政治主導は制度上確立しました。実際、幹部公務員（職業公務員）の人事管理における官邸主導のあり方については、一部のメディアや研究者からは行き過ぎて弊害が生じているとの指摘もなされているところです。

一方、２０１９年の自民党行政改革推進本部の提言は、各府省の幹部職員にジョブ型的な雇用を拡大して民間からの人材登用を進めることは国家公務員制度改革基本法に定められているのにもかかわらず、政府の対応は極めて不十分だと指摘しています。そこには、メンバーシップ型で昇進する職業公務員の幹部職員への登用においては政治主導が進んだ反面、民間からも広く有為な人材を登用すべきとの新自由主義的な公務員制度改革の思想に照らして、民間人材の幹部職員等への登用は不十分であるとの認識があると思われます。

9 メンバーシップ型人事管理の持続可能性

近年、前述のような政治主導による公務員制度改革の思想とは異なる次元で、新規学卒者の一括採用・終身雇用を基本とするメンバーシップ型の人事管理モデルの持続可能性が揺らぎかねない事態が進行しています。

〔図表4-10〕に、現在の公務員の人材確保を取りまく厳しい状況と人材の流動性の向上が求められる背景をいくつか掲げています。

一つは、公務における年齢別人員構成の偏りという課題です。〔図表4-11〕のグラフ

〔図表４-10〕人材の流動性が求められる背景

課題：新規学卒者の一括採用・終身雇用を基本とする閉鎖的なメンバーシップ型人事管理モデルの持続可能性

（背景）

- 公務における年齢別人員構成の偏り（30～40歳台が少ない）
- 少子化の進展（※ピーク時（1996年）と比べて22歳人口は半減）
- 若い世代の就業意識の変化（キャリア志向、スペシャリスト志向、やりがい重視、長時間労働の忌避、地元志向）
- 採用試験の申込者数の減少（※1996年の半分以下に）
- 早期離職者数の増加
- デジタル分野など高度な専門人材の部内育成の困難

⇒ 行政課題が複雑高度化する中で、行政サービスを維持するためには、従来のメンバーシップ型のコア人材の確保・部内育成に加えて、ジョブ型的な制度・運用の比重を高め、ハイブリッド型を目指さざるを得ない

をご覧ください。このグラフは、２０２０年とその10年前の２０１０年の一般職国家公務員の年齢別の人員構成を比較したものです。これをみると明らかなように、10年前と比べると働き盛りと言われる30歳台から40歳台の公務員の数が非常に少なくなっています。このように人員構成が歪になる原因としては公務員の厳格な定員管理と計画的な定員削減の影響によるところが大きいと考えられます。人員構成上の山が現在50歳台にあるため、逆に30歳台から40歳台が谷になっているということです。各府省に聞いてみると、地方機関を中心として課長補佐級や係長級の働き盛りの職員の層が非常に薄くなっており、業務面でも人材育成面でもその影響は大きいと言い

〔図表４-11〕年齢別人員構成の偏り

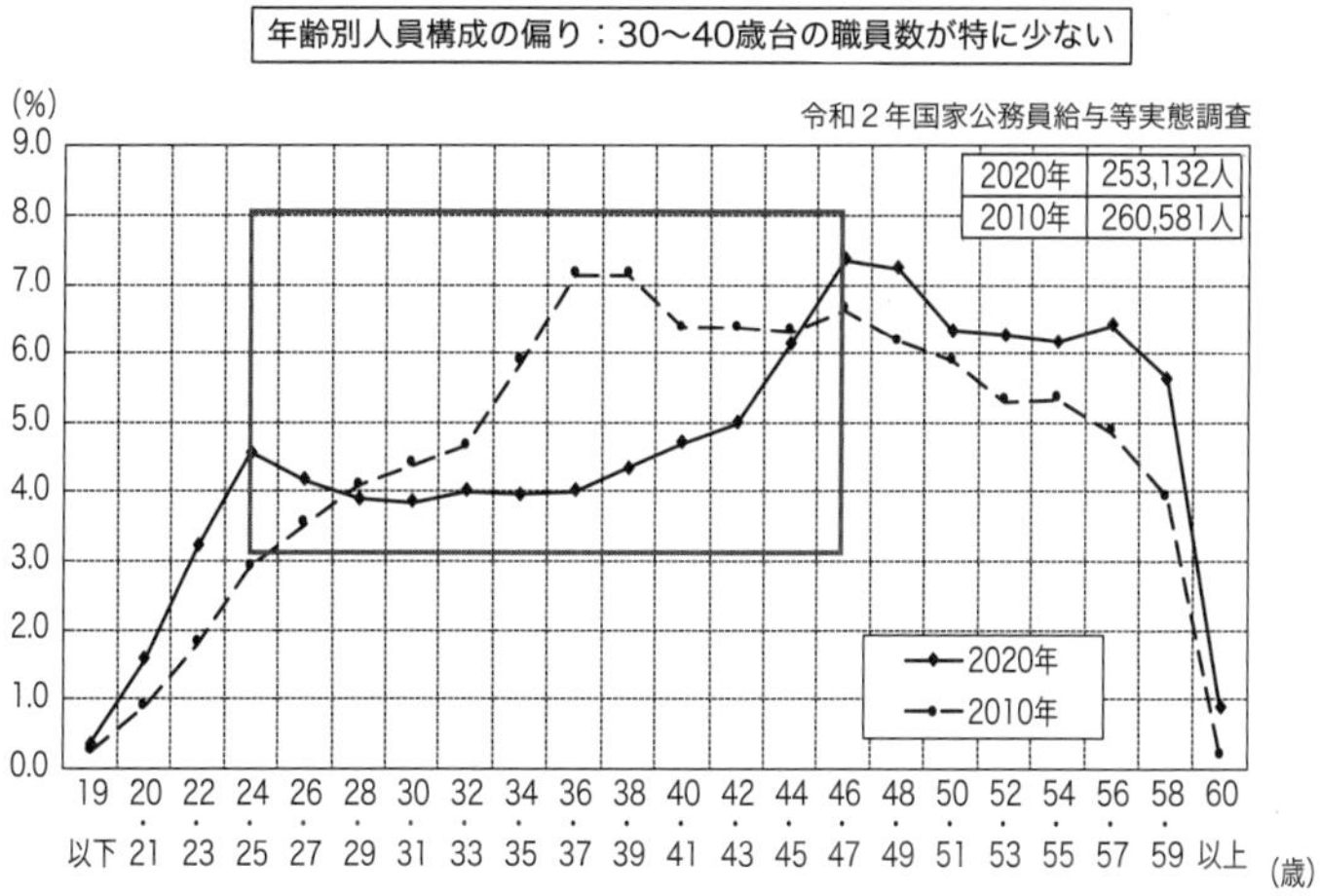

令和２年国家公務員給与等実態調査

ます。そのため、その穴を埋めようと民間の実務経験者を中途採用する傾向が出てきています。この場合、定員に余裕があれば常勤職員として採用しますが、実際には定員事情が厳しいため、定員外の非常勤職員として採用するケースも多くなっています。

本来、こうした年齢別人員構成の偏りは一時的なものであり、現在50歳台にある山が定年退職で抜ければ、その分定員に余裕が生まれて多くの新規採用者を補充できるため、新陳代謝が進むと考えられます。しかし、２０２１年の国家公務員法改正により、２０２３年度に公務員の定年は61歳に引き上げられ、その後は2年に1歳ずつ65歳まで引き上げられることが決まっています。政府は、

「定年引上げ期間中においても真に必要な規模の採用を可能とするため、内閣人事局においても一時的な調整のための定員措置を検討する。ただし、その場合も、規模・期間ともに必要最低限とする」（2021年公務員人事管理運営方針）としており、年齢別人員構成の偏りを極力緩和するような対応が求められます。

次に、それ以上に影響が大きい構造的な問題として、急速な少子化の進展があります。厚生労働省の人口動態統計で出生数を見ると、第2次ベビーブーム世代である1973年生まれが約209万人だったのに対し、現在就職適齢期を迎えている1999年生まれは約117万人と半減しています。さらに2020年生まれの出生数は約84万人と過去最低の数字になっています。このように急速な少子化の中で、民間企業や地方自治体との人材獲得競争に勝ち抜き、将来的にも新規学卒者の一括採用を基本としながら国家公務員の「量」と「質」を維持していくことは容易なことではなく、長い目で見て徐々にボディーブローのように効いてくる構造的な問題として認識しなければなりません。

若い世代の就業意識の変化も重要な課題として認識する必要があります。現在就職適齢期に差し掛かりつつある、いわゆるZ世代（1990年代後半から2010年代前半に生まれた世代）は、「個性を尊重し、自分らしさを重視する」のが特徴といわれています。大学等でのキャリア教育の影響もあるようですが、自分のキャリアは自分で選ぶという意識（キャリア志向）が強く、より良い就職先を求めて転職にも抵抗感が薄いとされます。仕事から充実感ややりがい、成長実感を得たいとの思いが強く、スペシャリスト志向が強いともいわれます。また、プライベートや家庭を大切にし、長時間労働は忌避する性向が強いとされます。確かに、職場で若い職員と話をすると、目的意識が比較的はっきりしており、学生時代に専攻した学問分野の知識が活かせる仕事を希望する者が多いように感じます。さらに、これはZ世代に限りませんが、最近は地元志向が強まっており、親元から通勤できることや転勤がないことを就職の条件にする学生もいて、全国異動（転勤）のある府省の人事担当者からは採用に苦労するという話をよく耳にします。

こうした若い世代の就業意識は、従来の霞ヶ関の働き方（年功序列・終身雇用の要素が依然として強い、本人の希望や専門と無関係の人事配置や転勤、やりがいや成長実感が得られにくい下積み期間、他律的な長時間労働など）とは親和性が低いとの指摘もあります。

〔図表4-12〕採用試験の申込者数の減少と離職者数の増加

国家公務員採用試験の申込者数の減少　【総合職試験（院卒者試験・大卒程度試験）の申込者の推移】

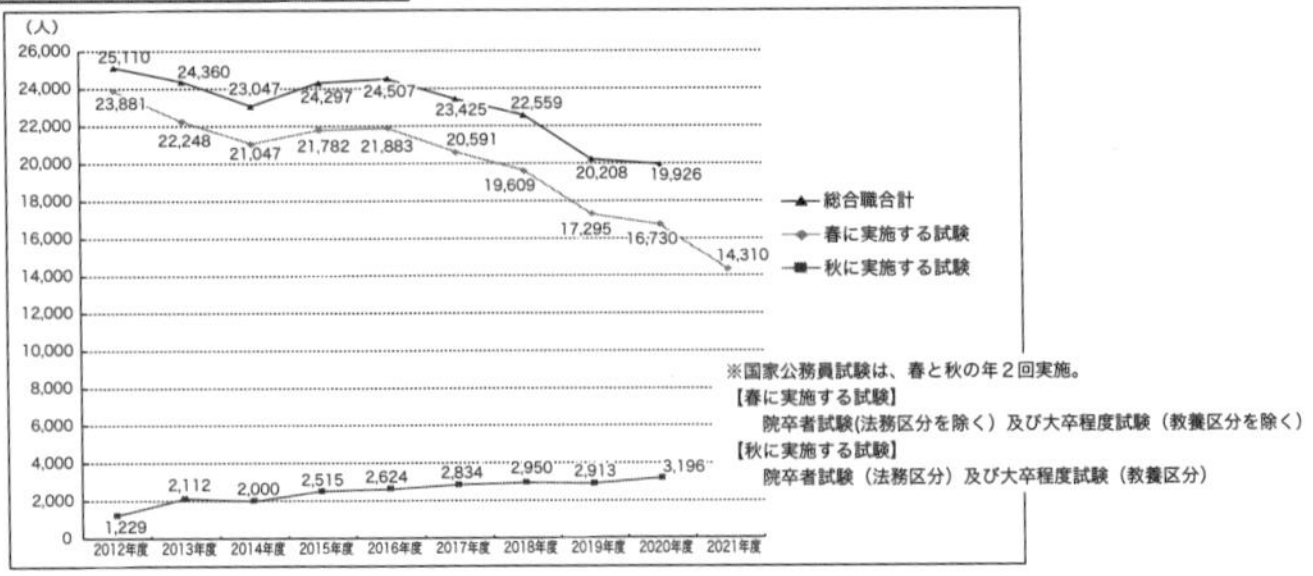

若年層職員の離職者数の増加　【直近10年間の行政職（一）俸給表の29歳以下職員の辞職者数及び辞職率】

	H22	H23	H24	H25	H26	H27	H28	H29	H30	R元
数（人）	307	305	309	291	361	395	477	552	583	712
率（%）	1.6	1.7	1.9	1.9	2.4	2.4	2.6	2.7	2.6	2.9

こうしたことも一因なのか、国家公務員採用試験の受験申込者数は近年減少傾向にあり、かつ、若い世代の職員が中途離職する数は近年少しずつ増えています〔図表4-12〕。

また、新しい分野における専門性が公務には不足しがちであるという課題もあります。例えば、2021年9月にデジタル庁が設置されました。デジタルトランスフォーメーション（DX）など社会が急速にデジタル化する中で、デジタルやAI、サイバーセキュリティーといった新しい行政ニーズに対応した専門人材を確保するため、政府も研修等を通じて各府省の職員に一定の専門性を身に付けさせています。しかし、高度な専門的知識や実務経験を持った者を部内育成で確保するには自ずと限界があります。

憲法第15条第2項に定める「全体の奉仕者」として公に奉仕する使命感や組織への忠誠心を持ち、各府省の政策や行政運営に通暁した専門家として組織を支える人材（コア人材）については、新規学卒者を一括採用して部内で計画的・集中的に育成・選抜し、昇進するメンバーシップ型の人事管理を将来的にも維持していくことに一定の合理性があると考えられます。

一方、前述したような公務員の人材確保をめぐる厳しい状況を踏まえると、行政課題が複雑高度化する中で高い水準の行政サービスを国民に提供し続けるためには、メンバーシップ型の人事管理だけに頼っていては必要な人員や専門性が賄い切れない事態が生じかねないリスクがあり、持続可能性の点で懸念があると考えられます。

現に、例えばデジタル分野等の公務部内で育成できない高度な専門人材については、任期付採用などジョブ型的な制度を活用して民間の知見の導入を拡大していくことが既に政府の既定方針になっています。また、幹部職員や管理職員について公募の拡大に取り組むことも、政府は人事管理運営方針の中で表明しています。

さらに、急速な少子化の進展に加えて、若い世代が公務におけるメンバーシップ型の働き方を忌避する傾向が今後更に進んだ場合には、これまで新規学卒者を一括採用してジェネラリストとして年功的・終身雇用的な人事管理を行ってきた総合職や一般職の職員のカテゴリーにおいても、意欲と能力のある若い世代を惹きつけられるような仕事と処遇を提示してジョブ型の雇用を行う選択肢を用意するなど、メンバーシップ型を基本としつつ、ジョブ型を組み合わせた「ハイブリッド型の人事管理」を志向せざるを得ない時代が遅かれ早かれやって来るのではないかと思います。

実は、ここ数年の傾向を見ても、新卒以外の採用者は年々着実に増えており、2014年の4、690人から2020年には6、730人へと増加しています。

〔図表4-13〕は、6つの制度による中途採用者の人数を折れ線グラフで示しています。このうち特に増加傾向が大きいのは、「国家公務員法等に基づく選考採用等」及び「経験者採用試験による採用」です。「一般職の任期付職員の採用及び給与の特例に関する法律」、「国と民間企業との間の人事交流に関する法律」及び「非常勤職員」も微増傾向です。「一般職の任期付研究員の採用、給与及び勤務時間の特例に関する法律」による採用はグラフが底を這っていますが、これは国の研究機関の大半が既に独立行政法人化して国家公務員の研究職が大幅に減少し、採用ニーズが減ったことが原因です。

〔図表4-13〕中途採用者数の増加

公務外からの中途採用者の数は増加傾向⇒2021年はデジタル庁の設置で更に増加

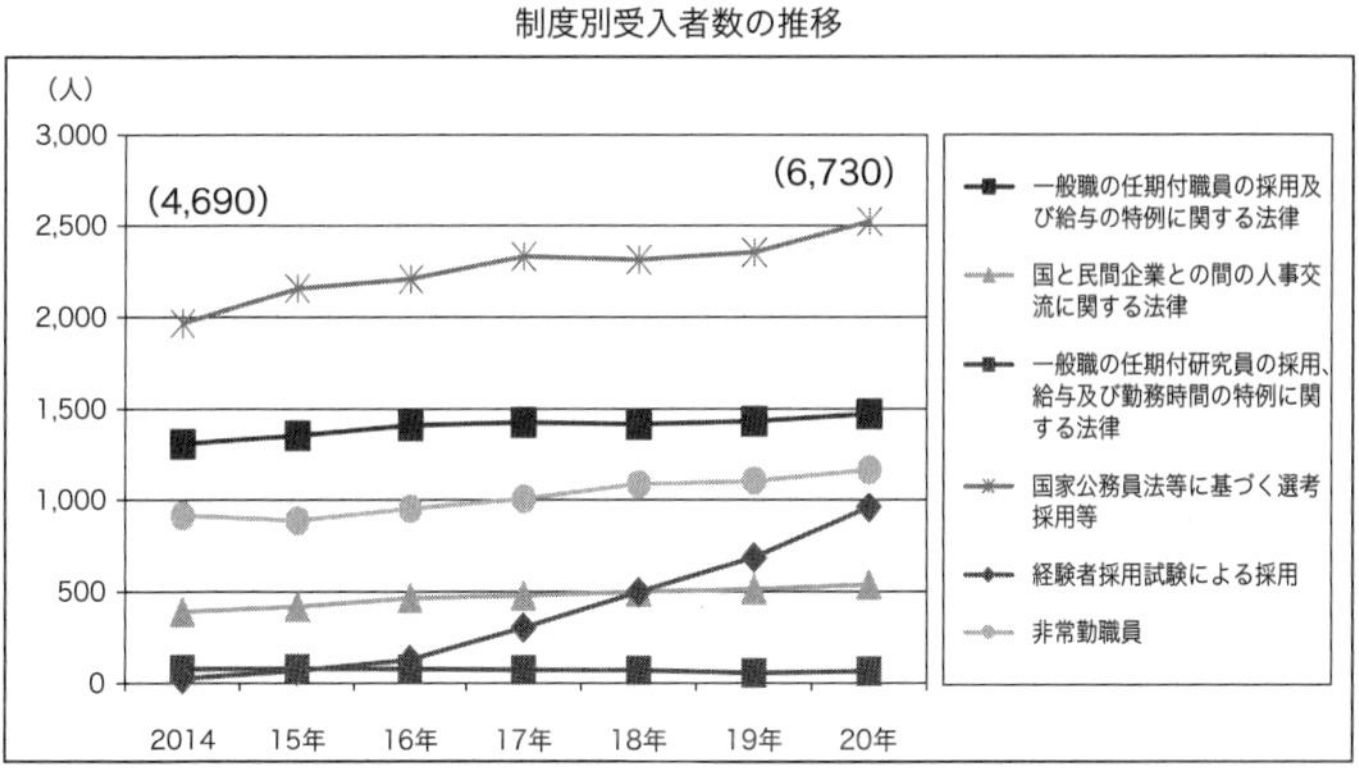

（注）2014年は8月15日現在、2015年以降は10月1日現在の数。

出所：内閣人事局「民間から国への職員の受入状況」（令和3年3月10日）

参考に、民間から公務へ受入れ可能な制度の概要を〔図表4-14〕に掲げます。詳細な説明は省きますが、任期付職員、任期付研究員及び非常勤職員には任期の定めがあり、任期中は官職の異動は基本的になく、特定の業務について専門性の発揮が期待されたり、臨時・緊急の業務に対応したりとジョブ型的な制度になっています。また、官民交流法に基づく交流採用も、任期中、特定の職務に従事することにより民間の知見を公務に還元する仕組みであり、ジョブ型的な要素があります。

一方、選考採用及び経験者採用試験による採用は、民間企業等で実務経験のある者などを中途採用してメンバーに加える制度

〔図表4-14〕【参考】民間からの受入れ可能な制度の概要

ジョブ型的な制度

	任期付職員（任期付職員法）	任期付研究員（任期付研究員法）	交流採用（官民人事交流法）	選考採用	経験者採用試験	非常勤職員
身分	常勤	常勤	常勤	常勤	常勤	非常勤
任期	あり（最長5年）	あり（最長10年）	あり（最長5年）	なし	なし	原則あり
採用	各府省で選考（公募）	各府省で選考（公募）	人事院が公募・作成する民間企業の名簿の中から、各府省が民間企業と協議等の上、決定	各府省で選考（公募）	①府省合同試験 ②府省ごとに実施する試験 のいずれかにより係長級相当以上に採用	各府省で採用（公募）
給与	専門的な知識経験の度、従事する業務の困難度等に応じて決定（特任は固定給最高で次官級）	知識経験の度、従事する研究業務の困難度等に応じて決定（固定給：最高で次官級）	職務に応じ、経歴、能力等を考慮して決定可能	職務に応じ、経歴等を考慮して決定	職務に応じ、経歴等を考慮して決定	常勤との権衡を考慮して、予算の範囲内で決定
対象となる人材の例	弁護士 公認会計士 デジタル人材	研究者	金融業、保険業、サービス業等からの採用実績が多い	医師 看護師	民間企業等において2年以上の実務経験等を有する者	各省のニーズに応じて臨時的に必要となる者
異動の制限	あり	あり	あり	なし	なし	原則なし

出所：筆者作成

であり、任期の定めや異動の制限はなく、メンバーシップ型に分類できるでしょう。

10 デジタル庁の試み

デジタル庁は2021年9月1日に設置されました。デジタル庁の設置に当たっては、組織や人事管理のあり方についても各方面で様々な議論が行われました。中でも2020年12月7日に自民党行政改革推進本部が政府に提言した「デジタル社会構築に向けた中間取りまとめ」はかなり急進的な内容でした。例えば、「デジタル庁のスタッフに関しては、年齢、性別、経験年数、学歴、経歴（前職や出身官庁・企業を含む）を一切問うことなく、能力のみを評価して相応の処遇にて登用する。」、「年功序列や出身官庁毎のポストの固定といった、いわゆる霞ヶ関の人事の慣習を持ち込ませない。」、「局長─課長─課長補佐─係員といった霞ヶ関の多段階ライン型組織を導入しない。」、「デジタルに関する能力の高い人であれば、20代、30代であっても、積極的に次官級、局長級をはじめとする課長級以上の職に登用する。」といったことを提言しています。また、「デジタル庁の人事システムについては、国家公務員及びそれに基づく人事院の任用ルールの適用除外とされる必要があり、その旨が法案に明記されるべきである。同時に、労働基本権制約の代償措置として人事院制度に代わる同等かそれ以上の措置が法定されている必要があることは言うまでもない。」とも述べています。

政府は、２０２０年12月25日、与党からの提言も踏まえつつ、「デジタル社会の実現に向けた改革の基本方針」を閣議決定しました。

この中で、デジタル人材の確保については、「デジタル庁を含め政府部門においてデジタル改革を牽引していく人材を確保するため（略）優秀な人材が民間、自治体、政府を行き来しながらキャリアを積める環境を整備する」としていわゆる回転ドアの人事が可能となる環境の整備を謳う一方、採用方法については、「民間企業等における実務経

〔図表４-15〕デジタル庁の試み

○デジタル社会の実現に向けた改革の基本方針（抜粋）

（令和２年12月25日閣議決定）

Ⅳ　デジタル庁（仮称）設置の考え方

２．デジタル庁の業務

（７）デジタル人材の確保

デジタル庁を含め政府部門においてデジタル改革を牽引していく人材を確保するため、ITスキルに係る民間の評価基準活用により採用を円滑に進める等、優秀な人材が民間、自治体、政府を行き来しながらキャリアを積める環境を整備する。（略）

また、デジタル人材の採用について、採用募集活動を強化し、令和３年度から、デジタル庁を中心に各府省において国家公務員採用試験の総合職試験（工学区分）や一般職試験（電気・電子・情報区分）等の合格者の積極的な採用に努めるとともに、民間企業等における実務経験を有する人材を確保するため経験者採用試験を活用するものとする。

あわせて、国家公務員採用試験について、令和４年度以降の実施に向けて総合職試験に新たな区分（「デジタル」（仮称））を設けることや、出題などに関する検討を人事院に要請する。

これらにより、行政と民間のデジタル人材が効果的に連携して業務を進める組織文化を醸成する。

３．デジタル庁の組織

（２）デジタル庁の体制

組織は、長を内閣総理大臣とし、長を助けデジタル庁の事務を統括するデジタル大臣（仮称）（以下単に「デジタル大臣」という。）、副大臣、大臣政務官を置く。デジタル庁の所掌事務に関する重要事項についてのデジタル大臣への進言及び庁務の整理を職務とするデジタル監（仮称）（特別職。内閣情報通信政策監（政府CIO）の後継）を置くとともに、デジタル審議官（仮称）（次官級）、局長級、審議官級、課長級の職を置く。

また、デジタル社会推進会議（仮称）（議長は内閣総理大臣とし、全ての国務大臣等で構成）を置き、デジタル社会の形成のための施策の実施の推進、関係行政機関相互の調整を行う。

組織規模は、各府省からの振替や新規増員により所要の定員を確保し、非常勤の採用も含めて発足時の実人員は500人程度とする。

験を有する人材を確保するため経験者採用試験を活用するものとする。あわせて、国家公務員採用試験について、令和4年度以降の実施に向けて総合職試験に新たな区分（「デジタル」（仮称））を設けることや、出題などに関する検討を人事院に要請する。」として、国家公務員法や人事院規則の既存の制度枠組みの中で対応していく方針を明らかにしました。

また、デジタル庁の組織については「非常勤の採用も含めて発足時の実人員は500人程度とする」とし（※実際には発足時の人員は600人程度、うち民間人材が200人程度と報道）、当面は、①各府省からの出向者、②デジタル庁（設置前の準備室を含む。）が国家公務員総合職・一般職採用試験により採用する職員、③デジタル庁が経験者採用試験や選考により採用する職員（民間実務経験者）、④任期付職員法に基づいて採用する民間の専門家、⑤非常勤職員として採用する民間の専門家により構成されることになりました。

大まかに分類すれば、①・②・③はメンバーシップ型の採用で部内昇進することが想定される職員、④・⑤はジョブ型の採用で任期の定めがあり民間に基礎を置く職員であり、いわゆる「回転ドア」の人事が想定されるのは後者の職員（発足時は２００人程度）です。

こうしたデジタル庁の試みは、従来の霞ヶ関の常識とは異なる組織を持ち、斬新な人事管理を行うものとして注目を集めました。２０２１年5月11日に自民党行政改革推進本部「公務員制度改革等に関するＰＴ」が政府に対して行った提言（「信頼され魅力ある公務員制度を目指して」）では、「デジタル庁の挑戦で得られた公務員制度の新たな形を行政機構全体へと広げる努力を後押ししていく。」と表明しています。

11 人事院「公務員人事管理に関する報告」(2021年8月10日)

人事院は2021年8月10日、国会及び内閣に、給与勧告とあわせて「公務員人事管理に関する報告」を提出しました(図表4-16)。

この中で人事院は、「柔軟で開かれた公務員制度の下で、公務の公正性を確保しつつ、新規学卒者を採用して計画的に育成することに加えて、民間企業等での実務経験や国際的な知見を有する者など、官民の垣根を越えて多様な有為の人材を公務に誘致することにより、時代環境に適応できる能力を有する人材を確実に確保することが不可欠である」との認識を明らかにしています。また、「公務と民間との間の人材の流動性を高め、民間の知見を積極的に公務に取り入れていくことが重要である」と指摘して、「本年9月に新設されるデジタル庁において民間から多くの人材を採用していく動きなどがある中で、本院としては、各府省において必要な様々な専門分野の民間人材を確保することができるよう支援するための取組を積極的に進めていく」と表明しています。

〔図表4-16〕人事院「公務員人事管理に関する報告」（令和3年8月10日）（抜粋）

行政が求められる役割を十全に果たし、国民に対して質の高いサービスを効率的かつ安定的に提供していくためには、柔軟で開かれた公務員制度の下で、公務の公正性を確保しつつ、新規学卒者を採用して計画的に育成することに加えて、民間企業等での実務経験や国際的な知見を有する者など、官民の垣根を越えて多様な有為の人材を公務に誘致することにより、時代環境に適応できる能力を有する人材を確実に確保することが不可欠である。

1　人材の確保及び育成

（3）民間との人材の交流

社会全体のグローバル化やデジタル化が急速に進む中、国家公務員には、こうした社会環境の変化に的確に適応する能力が求められている。

このような能力を有する人材を確保していくためには、公務部内における人材育成だけでなく、公務と民間との間の人材の流動性を高め、民間の知見を積極的に公務に取り入れていくことが重要である。これにより、公務においては新しい考え方を取り込むことができ、公務と民間双方を経験する者にとっては自らのキャリアアップにつなげることができる。

現在、民間人材を公務に採用するための仕組みとしては、選考による中途採用や経験者採用試験がある。また、民間人材を任期を定めて採用し、公務で活躍してもらう仕組みとして、一般職の任期付職員の採用及び給与の特例に関する法律に基づく採用や、国と民間企業との間の人事交流に関する法律に基づく交流採用等がある。

本年9月に新設されるデジタル庁において民間から多くの人材を採用していく動きなどがある中で、本院としては、各府省において必要な様々な専門分野の民間人材を確保することができるよう支援するための取組を積極的に進めていく。具体的には、中途採用のための仕組みの周知活動を強化する。特に、経験者採用試験については、多様な経験を有し職務遂行能力の高い人材を公務外から確保できる有用な方策であることから、各府省のニーズを的確に把握しつつ、各種媒体を活用した周知活動を展開する。また、任期付職員の採用において公正性を確保するために行っている本院の承認について、各府省の事務負担を軽減する観点から、本院による個別の審査手続を不要とする場合の公正性確保等の要件を明示することにより、本年度中に各府省限りで採用できる範囲を拡大することとする。

人事院がここまで踏み込んで官民の人材の流動性を高めることが重要であるとの認識を表明したことは過去になく、近年の公務における人材確保の厳しさに対する危機感が背景にあることはいうまでもありません。また、同報告では、ジョブ型やメンバーシップ型への言及はありませんが、人事院が各種の中途採用のための仕組みの周知活動を強化することや、任期付採用について人事院の個別審査手続を不要とする場合の公正性確保等の要件を明示することにより各府省限りで採用できる範囲を拡大することに言及しています。

12　これからの公務員人事管理

最後に、本章の議論をまとめつつ、これからの国家公務員の人事管理について簡単に私見を述べたいと思います。

我が国の公務員人事管理においては、第二次世界大戦直後から、米国の強い影響下で、「仕事」に着目した典型的なジョブ型の制度である職階制を導入する試みがなされました。しかし、この仕事中心の開放型システムは理念的・技術的な面が強く、各省庁において戦前から続いていた「人」中心の閉鎖的、身分的な人事管理とは対極にあり、我が国の組織のあり方やそれまでの人事風土と適合しなかったことから、各省庁の支持が得られず失敗に終わりました。その結果、平成10年代後半までの半世紀超の間、給与制度に依拠した暫定的な制度が運用され、「人」に着目したメンバーシップ型の人事管理が行われてきました。

こうした状況に変化をもたらしたのが2007年の国家公務員法改正です。2001年の公務員制度改革大綱が掲げた思想の一端を実現したこの法律改正により、新たに人事評価制度が導入され、職階制は廃止されました。この改正によって採用試験や採用年次による年功的な人事管理から、能力・実績に基づく適材適所の人事管理への転換が図られるとともに、官民の人材の流動性を高めるため、それまでの「人」中心の閉鎖型システムから公募を積極的に活用した開放的なシステムへの転換が志向されました。

一方、現在は、こうした公務員制度改革の思想とは異なる次元で、公務を支える人材の確保をめぐる環境が厳しさを増しています。急速な少子化の進展や若い世代の就業意識の変化といった問題です。行政課題が複雑・高度化する中で各府省が優秀な人材を確保することは極めて重要であるにもかかわらず、霞ヶ関の働き方改革の遅れもあって、公務員採用試験の申込者数は減少し、早期離職者数は増加するという危機的な状況が生まれています。デジタル分野など新しい分野に対応できる高度な専門人材の不足も深刻です。

各府省が新規学卒者を一括採用し、高い使命感と忠誠心を持って組織を支える行政の専門家として計画的に育成するメンバーシップ型の人事管理は引き続き重要な柱であり、その維持・改善のための努力を続けることは必要です。しかし、このままいくと、そう遠くない未来に、公務員を目指す優秀な若者の絶対数が不足して、行政サービスを中核

〔図表4-17〕まとめ

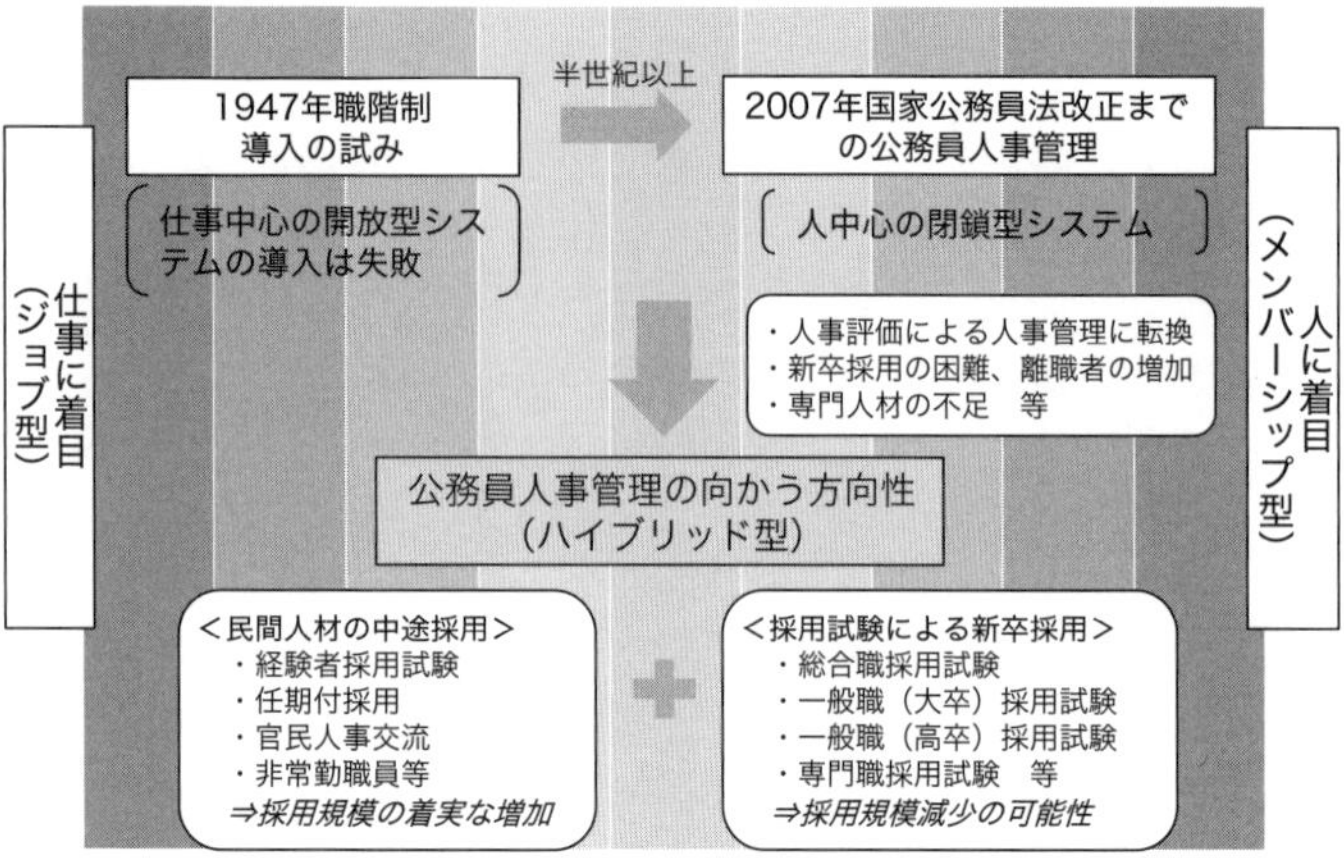

的に担う人材の必要数を確保できなくなる懸念があります。

したがって、今後、国家公務員の人事管理はメンバーシップ型とジョブ型が融合した「ハイブリッド型」の方向へと向かわざるを得ないと考えます。メンバーシップ型で計画的に育成された職員が組織の核として行政を担い、任期付職員等の仕事中心で採用される人材が不足する専門性を補うという組み合わせを基本としつつ、さらに踏み込んで、若い世代の就業意識を踏まえれば、優秀な人材を確保するためにも、仕事と処遇を明示して公募により任用を行い、公務内外を問わず多様で有為な人材が自らの意思で応募できるジョブ型的な仕組みを部分的に導入し、拡げていくことなども検討が必要となるでしょう。もちろん霞ヶ関の働き方改革を進め、魅力ある職場になることが大前提です。

第5章

コンサルタントが現場目線でみたジョブ型vsメンバーシップ型

山本紳也

株式会社HRファーブラ代表取締役

1　コンサルティングキャリアで見てきたジョブ型の実態

人事コンサルタントが見てきたジョブ型の成り立ち

1990年代、平成の初頭、日本ではバブル経済の崩壊と同時に人件費管理に対するプレッシャーが強くなり、その潮流にのるように職務給（今でいうジョブ型）の概念が入ってきました。それまでも、何度か、日本で職務という概念が報酬議論には取り上げられてきてはいたものの、それ以前の職務給は、作業を軸に定義したマニュアルワーカー向けの考え方が主流でした。しかし、この平成初期には、1950年代にアメリカで生まれた、役割責任の大きさを定義するオフィスワーカー向け職務の考え方が入ってきました。いわゆる、「成果主義」人事ブームです。私もこのタイミングで人事コンサルティングの世界に入り、このジョブ型人事の考え方を輸入する側で仕事に就きました。

当時の日本企業では、明らかに、毎年年功的に上昇する給与制度を廃止し、人件費をコントロールすることが第一の目的でした。当時はバブル崩壊で悪化した企業財務を立て直すための人件費管理という目的意識が強いが余りに、落ち着いてしっかりとジョブ型の本質を学び、議論し、検討することがなされていたとは言い難いかもしれません。

当時の人事制度改革ムーブメント自体を否定するつもりはありませんし、当時の自分の責任を棚に上げるつもりもありません。しかし、当時から、欧米で一般化されていたジョブ型人事制度（等級や報酬の考え方）が、新卒一括採用から終身雇用を前提とした日本型の雇用システムと相容れないのは明らかでした。そもそも、労働市場が活性化し、転職が当り前の海外において、等級（グレイド）は社内序列をつけるツールではなく、労働市場価格と人事管理をリンクするためのツールです。グレイドが高いからといって報酬が高いとは限りません。グレイドは役割責任の大きさを定義しますが、それに幾らの報酬が付くかは市場が需要と供給のバランスから決めるものです。ジョブグレイドは外部競争力マネジメントのツールともいえます。ところが、終身雇用が前提で、人材マネジメントにおいて外部競争力よりも内部公平性の重視される日本企業では、ジョブグレイドが社内の序列付けツールとなり、社内ルールに則った報酬決定軸に使われるようになります。そうした場合、結局、社内序列としては何も変わらず、特に報酬の信賞必罰も起こりません。

海外（特にジョブ型誕生の国アメリカ）におけるジョブ型を正しく理解するためには、ジョブグレイドの生まれた背景から考える必要があります。現在のジョブグレイディング（職務等級付け）の考え方は、1950年代、アメリカで公民権法の議論と共に生まれました。すなわち、どうしても人種や生い立ちからバイアスのかかる人の評価を廃止し、職務／仕事を評価することで人種差別をなくし、公平性を担保するという考え方の下に生まれたものです。終身雇用の運用意識が強く、家族主義という言葉も飛び交うような日本で、人を評価してはいけない、評価は仕事を基準にしますというジョブ型が、本当に根付くのか、当時は疑問でしたし、今でも難しいと思っています。

マネジメントツールとしてのジョブグレイディング

ジョブグレイドというのは、単に人事制度ツールではなく、ましてや報酬決定のためのツールというわけではなく、ビジネス戦略を達成するためのマネジメントツールという側面を持っています。そこの理解もまだ日本企業では薄いように思われます。ビジネスをどうやって回すかというマネジメントの基本に立ち返ると、ビジョンの達成の為に戦略があり戦術があります。その戦略と戦術遂行のために、組織を形成します。組織は戦略に従う（アルフレッド・チャンドラー）です。ここでいう組織とは、各ポジションの役割責任の明確化を含めた組織化を指しています。その組織に適材を配置し、モチベーションマネジメントを含む活性化に取り組みビジョン達成を目指します。この組織化に不可欠なのが各ポジションの役割責任の明確化であり、そのポジションに適材を配置するためのツールです。それがジョブグレイドなのです。従って、役割責任やレポーティングラインを明確化する必要のない組織には、実はジョブグレイドは適さないといえます。

ジョブグレイディング導入のお手伝いをしていて、日本企業のマネジメント特性を強く感じる場面があります。ジョブグレイドシステム（職務等級制度）を導入する際、或いはグレイド（等級）の見直しを行う際、そのプロセスで欧米やアジアの海外企業と日本企業で大きな違いがでます。海外企業では、部長やビジネス責任のある本部長クラスの人達は、自部門組織のジョブグレイドを低めに抑えようとする傾向があります。反対に日本企業の管理職は自部門のジョブグレイドを高め高めに設定したがります。これは、ジョブ型とメンバーシップ型のマネジメントの意識の違いのひとつの典型といえます。ジョブ型が前提の海外企業の場合、各事業部門単位で事業収益責任が明確で、雇用や人事も事業部門の責任で運用されます。従って、人件費は責任を問われる業績にダイレクトに反映される変動コストであり、事業業績（収益）と紐づけて人材マネジメントが行われることになります。その結果、固定報酬（給与）の基盤となるグレイドは低めに抑えておいて、事業業績に応じて賞与などの変動報酬にメリハリをつけることで、モチベーションマネジメントを行いたいという意向が働きます。一方、メンバーシップ型の日本企業では、雇用や人件費は各事業部門ではなく、採用元である本社の責任です。現場の事業責任者に自責コストの意識は薄く、自部門の社員には良く思われたいためグレイドを高めに設定したいという意向が働く傾向が見られます。終身雇用前提の組織における従業員エンゲージメントの意味が若干異なる前提があるのかもしれませんが、日本企業のマネジメントと接していると、人事をビジネス業績のマネジメントとして捉える意識が低いと思うことが多々あります。

ところで、１９９１年春、私はスイス、レマン湖のほとりジュネーブにいました。日本でCorporate Resources Group（ＣＲＧ）Japan株式会社という人事コンサルティング会社を立ち上げる目的で、ＣＲＧの持っていたジョブグレイディング（職務評価）他のツールと知識の習得目的のために、ジュネーブにあるＣＲＧ本社に１カ月強滞在していました。当時、まだ創業２年程だったＣＲＧの強みは、後に世界中で使われるようになるＩＰＥ（International Position Evaluation）Systemと呼ばれる職務評価ツールでした（１９９９年、ＣＲＧはMercer社に売却され、ＩＰＥは世界で最も使われるMercer社の職務評価ツールとなりました）。このＩＰＥ Systemを学んでいたある日、ＣＲＧの共同創業者であり、ＩＰＥの開発者でもあるChristian Clochéに、「Shinya、時間あるならちょっと来て会議に参加しないか」と声をかけられました。会議室に行くと、壁いっぱいに数メートルの長さである企業の組織図が貼られていました。この組織図は、ＩＰＥで職務評価した結果がその高さであらわされている、全社の主要ポジションの役割責任の大きさ（職務等級）が一目瞭然に表現されたモノでした。実はこれはネスレ社のある事業部の組織図で、そこにネスレの事業担当役員が来て、Christianと一緒に、今後のビジネス戦略に照らし合わせて、組織図に違和感がないかを議論する会議でした。ふたりは、その巨大な組織図の前に立ってウロウロしながら、ビジネス戦略の話と職務評価の話を何度も行ったり来たりして、1時間程議論しながら組織図に必要な修正を加えていました。会議の後、Christianに「Shinya、分かっただろう。職務評価というのは戦略であり、ビジネスそのものなんだ」と言われたのをよく覚えています。

海外だってジョブオンリーではない

ジョブ型にすると、チームワークが弱くなるとか、ポテンヒットを捕らなくなるという不安をよく耳にします。欧米のジョブ型企業を見てきた私からすると、全く的外れの議論だといわざるを得ません。そういう側面がゼロだとはいいません。しかし、それは制度の話ではなく、ヒトの意識と行動の話だと考えるべきでしょう。

確かに、マニュアルワーク（工場のライン業務や定型的な事務作業）で、具体的な作業を定義しているようなポジションでは、作業を明確にすると自身の作業以外には手を出さない側面もあります。が、それは組織設計の在り方ととらえるべきでしょう。日本でも工場のライン仕事では、決められた作業をするのが基本で、他人の仕事に手は出しません。手が空いた時に他の仕事を手伝ってよいかどうかは、仕事の種類によって決まってきます。ジョブディスクリプションにどう明記するかだけの違いです。一方、オフィスワーカーや営業、または管理職（マネジメント職）におけるジョブディスクリプション（職務記述書）について、日本では大きな誤解があるようです。このような、いわゆるホワイトカラーの仕事では、ジョブ型のジョブディスクリプションでも作業が定義されているわけではなく、そのポジションに任された役割責任が中心に明記されています。すなわち、作業として何をやるかではなく、役割責任範囲が書かれているのです。従って、そもそも、ジョブ型だからポテンヒットを捕らないとか、チームワークを軽視するとかいうことは起こりません。むしろ、自分の力で上位ポジションを勝ち取っていく欧米型の組織スタイルでは、ポテンヒットを見逃さず横っ飛びでも取りに行く人が育つ傾向さえあるといえます。ただ、気を付けなくてはいけないのは、それぞれのポジションの役割責任が明確だということは、他のポジションの役割責任領域にまで手を出すと、越権行為となります。ここはちゃんと抑えておくべき要注意点かもしれません。

ＣＲＧ当時を思い出すと、先に書いたChristian Clochéと、もう一人の共同創業者であり、ＩＰＥの開発者だった社長のLars Anderssonも、口癖のようにいっていたのが〝3P〟という概念です。3Pとは、Position、Person、Performanceを表します。彼らが口癖のようにいっていたのは、確かにビジネス戦略達成の為にPosition（ジョブ）は大切だが、それを担当し実際に動かすPerson（人）が正しくマッチしてモチベーション高く働いて、はじめてPerformanceに結びつくのだという話でした。だから、Position（ジョブ）に固執しすぎないように注意も必要で、やはり大切なのは、Personであり、Personの能力をしっかりと見極めることが重要。そして、会社として追い求めなくてはいけないのは、Performanceで、それらの基軸となるのがPosition（ジョブ）だという教えでした。

アカウンタビリティ型

「ＰｗＣ（私が働いていたイギリス発祥の世界規模コンサルティング会社）は外資系だからジョブ型でしょう」とよく聞かれます。実は外資系だからジョブ型とは限りません。私たちのようなコンサルタントは、外資系であろうと、海外で働いていようと、純粋なジョブ型とはちょっと違うケースでしょう。これまでの章でも述べられているように、ジョブ型の定義は仕事に人をつけるという考えに基づきます。しかし、コンサルティングという仕事では人に仕事がつくのです。じゃあ、メンバーシップ型かというとそうではありません。別に会社組織に就社し、会社にあてがわれた仕事をするわけではなく、やりたい仕事とやれる仕事をマッチングさせて結果を出し、結果で評価される。ある意味、ジョブ型以上に個の強い職業です。何をするかという作業や仕事ではなく、何を達成するかという役割責任と契約するイメージです。会社側は組織図に基づいた細かいジョブディスクリプションがあるわけではなく、作業や方法論にはこだわらないものの、達成目標が明確な役割責任を果たしてほしいというイメージを持っており、個人側も自分のやりたいこととやれることを明確に持った上で、要求される役割責任と合致するかどうかを見極め契約します。強いて等級という概念に当てはめると、純粋に役割責任で決まるのがコンサルタントの等級（＝タイトル階層）でしょう。ジョブ型でもメンバーシップ型でもないアカウンタビリティ型といえます。これは、前章で説明されている元来の役人の職階制に似ているともいえます。

会社のビジョンに沿って目標や戦略が決まると組織が決まり、ビジネスモデルが確立されて、組織内個々のジョブが明確になり、そのジョブを埋める形で人をはめることで組織の成立するのがジョブ型です。その意味から、旧来のメーカーのような組織で、ジョブ型はうまく合致します。しかし、個々の技術や知識、経験、さらには個人の志向性の上で、小さな単位のビジネスが成り立ち、それらの単位をネットワーキングでつなぐことでひとつのビジネス組織として成立するような、昨今の新しいビジネスモデルを生み出しているスタートアップ企業などや、先に述べたコンサルティング会社などでは、ジョブ型でもメンバーシップ型でもない、アカウンタビリティ型があっているといえそうです。このアカウンタビリティ型の考え方は、今後の雇用と人事のあり方を考える上で、ひとつの切り口になるかもしれません。

2　雇用と人材マネジメント

ジョブ型雇用の視点とジョブ型人事の視点

最近のジョブ型議論からみえるひとつの問題は、多くのケースで、雇用の話なのか、人事・人材マネジメントの話なのかを整理して話されていないということです。もちろん、これらを完全に切り離して意思決定することは不可能です。しかし、労働市場という社会環境の影響が大きく、自社だけでは解決できない雇用のあり方の議論と、自社の理念や戦略として、自社内で決定し遂行すべき経営としての人事を戦略的にどうするのかという議論を、整理して話せていないことが問題です。ジョブ型議論で、どうも議論がかみ合っていなかったり、話が堂々巡りになり結論に至らないようなケースは、多くの場合、雇用と人事を整理して話せていないことに起因しています。TV、新聞やネットなどのメディアニュース、時にはコンサルタントの話でもこの辺りが整理できておらず、受け手の混乱を助長していることが見受けられます。

例えば、厚生労働省や組合がジョブ型かメンバーシップ型かの議論をしている場合、終身雇用をどうするか、新卒一括採用は続けるか、高度プロフェッショナル社員はジョブ毎に有期契約でやれるか等々、雇用形態をどうするか、もっといえば、国としてどのような労働市場形成をしていくか、というような雇用としてのジョブ型かメンバーシップ型かという政策論議が多く聞かれます。一方、経団連や企業から聞こえてくる話は、等級制度をどうするかという話が中心で、加えて報酬や評価の考え方など人事制度をどうするかという話が圧倒的に多いのが実態です。その他でもグローバル組織のあり方の話や異動や出向の話など、マネジメントのあり方の話が圧倒的に多いでしょう。繰り返しますが、これらを全て切り離して考えることは不可能です。この後に述べるように、それぞれの要素には経路依存性や相互作用性が存在します。しかし、これらをしっかりと整理して、議論をし、各社で何を実現するために、どういう人事にしていくのかを決めていく必要があります。

雇用視点と人材マネジメント視点、その経路依存性と相互作用性

〔図表5-1〕を見てください。メンバーシップ型かジョブ型かの議論でよく出てくる、雇用・契約の視点と人材マネジメント視点からの要素を、メンバーシップ型とジョブ型でその特徴をまとめてあります（これ以降の図表はあくまで特徴を一覧表にしたものであり、当然例外もあり、これで全てが網羅されているものでもありません）。

まず雇用・契約の視点からみると、メンバーシップ型かジョブ型かの議論の入口となる雇用契約が大きく異なります。メンバーシップ型において雇用契約は、会社への所属契約であり、これが就社型といわれる所以です。対して、ジョブ型は職務ポジションと

〔図表５-１〕

		メンバーシップ型	ジョブ型
雇用・契約視点	契約	会社への所属契約 一般的に無期契約	ポジション職務遂行責任契約 一般的に有期契約
	会社と社員の関係	雇用・被雇用関係	対等関係
	人事権	会社（本社・人事部）	現場責任
	雇用流動性	低（長期・終身雇用）	高（転職前提／容認）
人材マネジメント視点	採用	新卒一括（＋中途） 継続的一定人数採用	職種別・随時（中途が多い） 事業計画基準・補充採用
	配置配属・異動	会社主導・会社裁量	なし・同意前提・公募
	教育研修	全員対象・階層別	自己啓発中心・選抜型
	評価	処遇決定目的・長期雇用前提	成果管理・人材開発目的
	報酬	内部公平性重視・年功配分	外部競争力・市場価格重視
	退職	定年退職・自己都合退職	成果管理（PIP）・退職勧奨 自主退職

経路依存・相互作用

の契約になります。こちらは就職です。職務ポジションとの契約であることから、その契約条件としてのジョブディスクリプションが必須になります。メンバーシップ型では会社との所属契約になるため、入社後に配属という概念が出てきます。ジョブ型に配属という概念はありません。さらにメンバーシップ型では異動や昇進昇格の権利を会社が有します。これが人事権です。

一方、職務ポジションと契約するジョブ型では、契約時点で仕事内容だけでなく、働く場所や時間、報酬条件等の雇用条件が決まって、ジョブディスクリプションや契約書に記載されており、会社に人事権は発生しません。雇用責任は現場の業務遂行責任の一端となりますが、契約の細かい内容は交渉で決まるため、会社と個人が対等の関係になります。通常、就社型のメンバーシップ型契約は長期雇用となり、職務ポジションとの都度契約となるジョブ型では短期雇用契約が多くなり、結果としてジョブ型だと雇用の流動性が高まります。

次に、人事制度を中心とした人材マネジメントの仕組という視点で観察すると、採用から代謝までの人事サイクルでの違いが随所に見られます。メンバーシップ型では、まず新卒一括採用で会社という組織にメンバーとして属す契約をします。先に述べたように、これが就社です。一方ジョブ型では、空きの出た或いは新たに新設されるなど、必要とされるジョブポジション（ジョブ）に対して募集があります。その募集要件には仕事内容や役割責任に加え、求められるスキルや経験も記載されています。これがジョブディスクリプションになります。個人は、そのジョブポジションに対して応募し採用されることになるのですが、これは、対象ジョブポジションに応じた雇用条件と引き換えに求められる役割責任を全うしますという、個別雇用契約を結ぶことになります。従って、こちらは正に就職となります。

メンバーシップ型では、ジョブを限定せずに会社組織に合いそうな人材のポテンシャルを見て採用し、採用後に会社が適性を考えながら配属することになります。その後も、各職場からのニーズと個人の適性を考えながら配置転換をすることが多く、本人の意向確認をするケースはあるものの、基本、会社が人事権を発動し、会社都合で異動配属が決定します。これは場所の移動を伴う配置転換でも同様です。一方、ジョブ型では、ジョブポジションと契約を結ぶわけですから、そもそも配属という概念がありません。ジョブ型では雇用条件の中に働く場所や時間も含まれた契約が多く、会社が勝手に異動はできません。同一組織内で異なるジョブポジションに移る場合でも、これは雇用契約の結び直しであり、メンバーシップ型がいうところの異動とは、概念が異なります。

教育についても、一括採用で長期雇用が前提のメンバーシップ型では、メンバー（社員）は一律に会社が教育し、メンバーがそれに答えるという作りになっていますが、ジョブ型では、そもそもジョブのできる人を採用するわけですから、その為の教育研修を会社が行うということはありません。ただ、会社や職務固有で必要とされる研修や、将来を有望視され活躍してもらいたい人材に対する投資という意味で、選ばれた人に対する研修は行われます。昨今、環境変化が激しく常態的にリスキリングが求められる時代背景もあり、エンゲージメントやモチベーションマネジメントの視点からも、社員教育を充実させる企業が、ジョブ型でも出てきている傾向はあります。ただし、契約も個別であり、研修を一律に行うという考え方はあまり起こりません。

評価と報酬の考え方も大きく異なります。メンバーシップ型では、まず同じ条件で一括採用し会社が配置配属も決めているわけですから、評価や報酬の内部公平性が重要になります。従って、できる限り同じ評価制度や同じ考えに基づく報酬制度で運営しようという意思が働きます。また、同じ組織メンバーとして長期に働くという前提を考えると、評価に対する姿勢も長期的になり、能力の向上のような長期視点の入った評価が求められるようになります。要するに当期のアウトプットだけでなく、将来のアウトプット貢献に結びつける評価や処遇を意識するようになります。結果、仕事の成果以上に能力の向上などを重視するようになります。一方、ジョブ型は短期の契約が前提となりますので、契約当期の業績を上げてもらうこと、それを評価することが第一になります。ただ、先にも書いたように、優秀で長期で貢献してもらいたい人材に対しては、長期視点で育てるという意識は働きます。が、その場合も、評価というよりもよりチャレンジングな仕事に就かせたり、育つ場を与えることに注力されます。ジョブ型の報酬については、ジョブ毎に都度雇用契約を結び、外部市場からも人材を調達するために、内部公平性以上に、外部競争力が重要となります。従って、報酬水準は外部労働市場の需給バランスに沿った水準によって決まってくる性質を持ちます。また、ジョブ型の場合、有期契約（多くは1年）で、明確なジョブディスクリプションが存在していると、契約そのものが成果コミットメント（＝合意目標）の位置づけであり、メンバーシップ型の評価制度による評価のように雇用契約と評価が別物ではなく、契約がちゃんと履行されたかどうかの確認が評価になるといえます。そもそも、評価というのは、元来、期末にABCを付けることが目的ではなく、一緒に目指すゴールがどこまで達成できているかを相互確認するレビュープロセスであり、その為には役割責任が明記されているジョブディスクリプションは有用といえます。

退職については、まず、メンバーシップ型では多くの場合が無期雇用で、ジョブ型は有期雇用の場合が多く、結果、メンバーシップ型は長期雇用となり、ジョブ型は短期雇用が多くなるのは必然でしょう。また、他の章でも述べられているように、日本では法的に企業側から雇用を終了する（クビにする）ことが困難という側面以上に、メンバーシップ型では会社が職務遂行に応じた具体的条件なく雇用し、配置配属も会社の人事権行使により決まっているために、会社がなくならない限り、クビにする理由が見つからないと考えるべきでしょう。メンバーシップ型では担当する仕事がなくなっても、本人の適性が担当仕事とあわずに成果が出なくても、当人にあった別の仕事を見つけることが会社に求められることになります。他方、ジョブ型はジョブとの契約ですので、ジョブがなくなったら雇用は終了されますし、ジョブの遂行をコミットして契約しているのですから、そのジョブを遂行できなければ雇用が継続されないのは必然です。結果、メンバーシップ型では、多くの人が長期雇用となり、ジョブ型では短期雇用の人が増えることになります。

このように、メンバーシップ型とジョブ型の雇用や人事はかなり異なります。どちらが良いというものでもありませんが、こうみると、都合の良い方をそれぞれの機能で選びたくなります。しかし、それはそう簡単ではありません。もうお分かりのように、雇用のあり方と人事制度のあり方の構成要素には、それぞれ経路依存性や相互作用性があり、簡単にいいところ取りをすることはできません。

3　社員意識と組織風土の形成

結果として醸成される社員意識と組織風土

次に、〈図表5-2〉を確認してください。雇用のあり方や人事制度のあり方によって、結果として、社員の意識と言動が影響を受け、組織風土が形成されます。この図表は、メンバーシップ型とジョブ型の仕組の結果としてできてくる社員意識と組織風土の傾向をまとめています。この図表は、理論的に導かれたものではありませんし、当然個人差も大きくあります。雇用と人事のあり方により、結果としてできてくる傾向を表しています。特に、管理職層を比較してみるとこの違いが見られます。

まず、雇用契約のあり方の違いにより、メンバーシップ型社員に帰属意識が強いのに対し、ジョブ型雇用社員は自身の仕事に対するコミットメントが高くなります。また、ひとつの会社組織の中で配置転換をしながら成長を求められるメンバーシップ型では

〔図表5-2〕

	メンバーシップ型	ジョブ型
結果として醸成される社員の意識組織風土マネジメントスタイル等	会社への所属意識・コミットメント	仕事／職責へのコミットメント
	ジェネラリスト志向	スペシャリスト志向
	長期・終身雇用意識	中短期雇用意識
	安定志向	競争・上昇志向
	集団責任	自己／個人責任
	会社組織への依存	自立自律
	受動的	能動的
	根回し・忖度	活発な議論
	予定調和・迎合	自己主張・我儘
	チーム重視	個の尊重
	組織力	個の力
	フレキシブル組織	硬直型組織
	調整・調和型リーダー	意思決定型（強い）リーダー

ジェネラリスト志向が強くなり、専門性でキャリアを積むことが求められるジョブ型ではスペシャリスト志向の強い人が多くなります。また、無期契約でかつクビになる可能性の低いメンバーシップ型では、社員は長期安定志向になる傾向が強いのに対し、毎年異なる条件で有期雇用を連続しキャリアを築いていくジョブ型では、短期的に切り刻んで成長を考えつつも、自身で目標を持ちキャリアを創り上げていくようになり、明確な上昇志向の強い社員の育つ傾向があります。

皆が同じ条件で組織と契約するメンバーシップ型では、集団責任意識が強く、会社への依存が高まり受動的になる傾向があります。一方、自分でキャリアを築く意識の強い個が育つジョブ型では、個人が自立し、自己責任を持ち、自律して、能動的に動く個が育ちやすい環境であるといえます。ただ、見方を変えると、ジョブ型では、個の力が付き自己主張が強くなると同時に、我儘になりやすいともいえます。一方、メンバーシップ型では、個の力よりも組織力が優先され、強い個が生まれにくいものの、チームワークや協調性が生まれやすい傾向があります。

結果、このようなメンバーシップ型の組織では、調整調和型のリーダーが求められるのに対して、ジョブ型組織では、強い意思決定型のリーダーが求められ、また育つ傾向が見られます。

以前、トヨタの部長と話した時に、その部長が「トヨタからはGEやグーグルのように起業家が出ない」と言われたことがあったのですが、その時、「いやいや、そんな人が出てきたらトヨタじゃなくなっちゃうでしょう。トヨタの強みはそこではなくて組織力でしょう」と言ったことを思い出します。

先に述べたように、これらの個人の特性や組織風土は、雇用のあり方や人事制度の運用の結果としてできてくるものです。多くの会社では、ここで書いたような組織風土の変革を目指して、人事制度を変えることを議論されているでしょう。ただ、ここで挙げたような組織風土の特徴は、それぞれが単独で成立しているものではありません。また、ここで、一覧に取り上げた特徴の良し悪しを語るつもりはありませんし、そもそも、良い悪いというモノではないでしょう。ただひとついえることは、これらの個別項目を取り上げて、良い悪い、好き嫌いを語るのは自由だけれど、そう簡単にいいところ取りはできるものではないということです。

グローバルリーダーの育つ組織

日本企業でグローバルリーダーが育たない、海外でマネジメントできる社員が育たないという話は昔からよく聞きます。これだけ市場がグローバル化した現在で、これは大きな問題といえるでしょう。この古くて新しい課題も、実は、背景にこのジョブ型とメンバーシップ型の違いが存在しているのではないでしょうか。グローバルフィールドで活躍し、国籍関係なく多様なスタッフが尊敬してついてきてくれる。価値観が異なり、我儘で多様な人材を、しっかりとマネジメントしリードできる。そのような求められる

〔図表5-3〕

	メンバーシップ型	ジョブ型
結果として 醸成される 社員の意識 組織風土 マネジメントスタイル 等	**会社への所属意識・ コミットメント**	**仕事／職責への コミットメント**
	ジェネラリスト志向	スペシャリスト志向
	長期・終身雇用意識	中短期雇用意識
	安定志向	**競争・上昇志向**
	集団責任	**自己／個人責任**
	会社組織への依存	**自立自律**
	受動的	能動的
	根回し・忖度	活発な議論
	予定調和・迎合	**自己主張**・我儘
	チーム重視	個の尊重
	組織力	**個の力**
	フレキシブル組織	硬直型組織
	調整・調和型リーダー	**意思決定型（強い）リーダー**

グローバルリーダーとはどんな人でしょうか。理想のグローバルリーダーの人材要件という問いに対する回答としてよく聞くのが、しっかりと個として自立自律していて、組織と自身の役割責任にコミットメントが高く、明確なビジョンを持って、他人の意見が聴けた上で、自己主張がしっかりできる人、というような回答ではないでしょうか。そこで、〔図表5-3〕を見てください。見て頂ければ一目瞭然で、このようなリーダーは、ジョブ型で育ちます。本社の雇用・人材マネジメント環境がメンバーシップ型で、その中で数年キャリアを積んでいて、ジョブ型

に求められるリーダーはそう簡単に生まれません。

日本国内では優秀なマネジャーなのに、海外に行くとマネジメントができない。英語力をもっと強化しなければ。海外に行く前にちゃんと研修をしないとダメだ。そのような話はよく聞きますが、本当にそうでしょうか。もちろん、海外赴任前に各種知識やスキルを身につけることは必要です。しかし、それ以前に、マインドセットや考え方、あるいは日常の言動の常識が海外でのマネジメント要件に沿っていないということはないでしょうか。そもそも、メンバーシップ型の日本国内マネジメントで求められる要件と、労働市場がありジョブ型が定着している海外でマネジャーに求められる要件が異なっていることを考える必要があるでしょう。

グローバルな環境で組織をマネジメントし、多様な人材をリードできるグローバルリーダーの開発には、ジョブ型環境でのキャリア経験が求められるのではないでしょうか。

4　これからの日本企業の模索

そもそも、あなたの会社はどうしたいのか？

当り前の話ですが、人事を考える入口は組織の理念とビジネスのビジョンであり、自社がどうありたいのか、どうしたいのかという問いになります。その上で、それを達成するための戦略を考え、その戦略を達成するための組織をつくります。そしてその組織を機能させるために、どこにどのような人材を配置し、動機づけし、組織を活性化するのがマネジメントです。組織は戦略に従うといったアルフレッド・チャンドラーだけでなく、ヘンリー・ミンツバーグもピーター・ドラッガーも、戦略、組織、人材という順番でマネジメントを語っています。その発想からいうと、実は組織人事は本来ジョブ型しかないのではないでしょうか。

一方、日本では、これまで、「戦略は組織に従う」と語られたり、「組織は流行に従う」などと揶揄されたりしてきました。ただ、これには、戦後の高度成長期、少品種大量生産型モデルの中で、市場に戦力となる人材が十分に存在せず、社内で抱え込みながら育成し、組織と個人が共に成長することが成功モデルだった時代背景がありました。ところが、現在は、多品種少量生産、グローバル化と多様化、高度技術発展のスピード化等々、経営を取り巻く環境が大きく変わっており、メンバーシップ型雇用の下で戦略を組織に合わせて考えるようなモデルは立ちいかなくなってきています。これまで日本では、知らず知らずのうちに、既存の組織人材に合わせて、ビジネス戦略を考えるような組織文化ができていたのではないでしょうか。そろそろ、ビジネス戦略に合わせて、組織と人材を考える方向に戻す必要に迫られています。

そもそも、あなたの会社は、どのような会社になりたいのでしょうか。あなたのビジネスの成功には、どのような組織が求められ、そこにはどのようなリーダーや人材が必要なのでしょうか。人事はＨｏｗではありません。ＷｈｙとＷｈａｔが大切です。何を目的に何をするのか。まず、そこをしっかり考え定めてから、組織と人事がどうあるべきかを考える。内発的な正論の戦略人事が求められています。

環境からの変革プレッシャー

最近、次々とジョブ型人事への転換を発表している大企業に話を聞くと、皆さん、その目的は、ビジネスのグローバル化に対応するためとおっしゃいます。例えば、日立の鉄道ソリューショングループは本社がイギリスで、部門トップはイギリス人です。日本や他の国の鉄道関連部門もレポート先はイギリスになります。イギリスのイギリス人をトップとしたグローバルな組織でビジネスが動くとなると、もう人事はジョブ型でないと動かない、というわけです。確かに真のグローバル組織を目指す企業は、世界で一つの組織図の描ける組織にしようとすると、ジョブ型にならざるを得ないでしょう。

昨今のジョブ型議論の入口はグローバル化だけではありません。留まるところを知らない技術革新に対応していくために、高度専門人材の採用と確保のためにジョブ型が必要だという声をよく聞きます。今まで社内の内部市場で人材調達をしてきた大企業でも、全く新しい技術を持った人材を中途で大量に採用しなくてはいけない状況が出てきたり、経験を積んだ技術者が退職したり、そもそも、全く新しい技術の担い手になる新卒の採用が難しくなってきたということが起こっています。こういった視点からも、従来のメンバーシップ型に限界が見えてきているという声を聞きます。その結果、大手メーカー中心にAI等の高度技術者は新卒から1000万円近い報酬を提示するというニュースが出てきました。これはジョブ型への入口の模索といえるでしょう。しかし、中国やアメリカでは、既に3000万円という話も聞きます。また、高度技術者採用に限らず、外国人の採用、労働時間や場所の制約はあるものの高いレベルの技術や経験を持った人の有効活用、副業の活用等々、雇用の多様性に対応するためにもジョブ型が適しているという考え方も出てきています。

今回の2020年からのジョブ型ブームの火付け役は、間違いなく、コロナ禍での在宅勤務です。日本企業の人事では、成果主義という模索の時代を経てきても、結局、多くの企業では、態度や性格など全人格を評価する文化が続いてきたといえます。いくら人事制度が仕事の成果を評価する作りになっていても、在宅勤務になった途端に、マネジャーが評価に戸惑う或いはできなくなるというのは、仕事ではなく人を評価してきたからに他なりません。色々な調査結果をみても、仕事をしているところを見ていないと評価ができない、報連相を都度させないと仕事が見えない、まじめに仕事をしているかどうか不安だ、などの声が多くみられます。これらは、仕事を評価するのではなく人を評価してきていたことを証明しているといえるでしょう。それ自体が悪いとはいいませんが、今後も在宅勤務で毎日の業務観察ができる状態でなくなるのであれば、明確に役割責任を与えて、それが達成できたかどうかだけで評価をする方向に移らざるを得ません。これが、ジョブ型だというわけです。ただ、ジョブ型にすれば短期的に評価はしやすくなるかもしれませんが、それでマネジメント責任を達成できているといえるかは別問題です。しっかりしたコミュニケーションをベースとした、人材開発や組織開発ができていないと、将来の業績に繋がらないのはいうまでもありません。

大人の組織になるために

ジョブ型への移行理由として、もうひとつ、耳にすることがあります。社員の自立です。ある大手企業の人事責任者の方と話をしていた時に、ジョブ型への移行理由は、表向きはグローバル化だけれど、もうひとつ重要な裏目的として社員の自立がある、という話を聞きました。グローバルで勝てる組織にしていくためには、またグローバル企業と一緒に協働プロジェクトで切磋琢磨してやっていける、そのような企業にしていくためには、さらなる社員一人ひとりの自立が不可欠だというのです。先にも書きましたが、メンバーシップ型ではどうしても会社に頼る傾向があり、自立した強い個人が育ちにくい環境になります。終身雇用前提でクビになることがなければ、成果に対する緊張感は薄まります。人事権を会社が持っている限り、どうしてもキャリアを会社に頼り自分でキャリアを築く意識が弱くなります。根回しや忖度も存在する同調性を求める文化の中で育つと、どうしても自己主張は弱くなります。これらは個人の気合と根性で解決できる問題ではなく、組織のシステムとしての課題と捉えるべき問題です。これを打破して、グローバルにも通用する大人の組織にするためには、ジョブ型への移行が有効だという考え方です。これが全てで人事をジョブ型にすればすべてが解決する問題でもないかもしれませんが、その有効性はゼロではないはずです。

ダイバーシティの視点から

最近、日本企業の中で、定年後の高齢者をジョブ型雇用にするという施策の話を聞くことがあります。定年退職後再雇用高齢者も、担っている仕事の重みや難易度が大きく異なるのに、60歳を過ぎたから一律低賃金というのはおかしいだろう。定年後も重要な仕事を担ってもらっている人には、それなりの処遇をして、モチベーションも高く働いてもらい、しっかり成果を出してもらった方がお互いにとって良いだろう、という考え方に基づきます。何で、高齢者だけ？定年前の正社員も同じじゃないの？という突っ込みはしたくなるのですが、定年再雇用をきっかけに、人事にジョブ型の考え方が入ってきて、正社員を含め皆がジョブ型人事に触れるというのは悪くないでしょう。これをきっかけに、年齢や経験ではなく、担う職務の大きさで処遇を考えるというジョブ型人事の議論の入口になることも考えられます。

第2章でも述べられていますが、高齢者だけでなく、障がい者や外国人、その他ある一定の条件下で働く人たちに活躍してもらうためにもジョブ型は適しているといえます。例えば、プログラミングやデータ処理等のデスクワークをするのに、車椅子であることは何の問題もないでしょう。全ての仕事がコンピュータで行われ情報が全て視界から入ってくる仕事で、耳が悪いことはハンディーになりません。個々のジョブに求められる要件を明確にし、ジョブ毎の条件で雇用契約をするジョブ型だと、多様な雇用形態が可能になります。多数の障害のない人と同じように雇用し、同じように評価し、同じようにマネジメントすればよいのです。また、個人的な理由から夜の時間帯しか働けなくても、高い能力を持った人には夜できる仕事で、その条件の契約をすればよいのです。もちろん、チームビルディングや人材マネジメントのあり方は、それに合わせて変えていく必要はあります。しかし、これからの時代を考えた場合、多様化した若者の活用だけではなく、介護を抱えた経験者の有効な働き方を考えても、ジョブ型雇用で可能性が広がるのではないでしょうか。

社会システム変革への模索

ここまで、ジョブ型のプラス面を中心に書いてきました。しかし、ここまでに色々な指摘がされているように、法律的に簡単に辞めてもらうことができない中でジョブ型雇用は無理じゃないのか、メンバーシップ型の契約で雇用している人たちをいきなりジョブ型雇用に切り替えられるのか、日本企業の強みである組織力が失われる、そもそも企業が人事権を手放せるのか、そもそも外部市場が成熟していない中で必要な人材が調達できないという鶏と卵問題はどこから解決するのか、一社単独で変えるのは無理だ、新卒は全く就職できなくなるのではないか、マクロ的にもこの経済状況が決して良くない中で失業率が上がるだろう等々、反対意見をいくらでも列挙することは可能です。しかし、気付かれたでしょうか。ここにリストしたのは、全て、ジョブ型にできない理由の列挙であり、メンバーシップ型であるべきだという理由ではありません。

もちろん、メンバーシップ型を肯定する主張がないわけではありません。メンバーシップ型だからこそビジネスに合わせたポートフォリオマネジメントが可能、臨機応変に担当や職責を変更し隙間を埋めるようなマネジメントが可能、やっぱり相互理解が高まり暗黙知が醸成され生産性向上に寄与する（これは必ずしもメンバーシップ型が理由かは議論のあるところですが）、採用コストが安い、失業率を抑えられる等々の利点主張もあるでしょう。

しかし、企業の経営者や管理職の方々と話をしていると、後者をあまり耳にすることはないのです。ジョブ型に反対意見を述べる方々も、メンバーシップ型が良いから続けたいというよりも、ジョブ型にできない理由、ジョブ型は難しいという理由を話す方が多いのです。ということは、実は皆さん、どこかでジョブ型になるべきだ、ジョブ型の方が良いのではないかと思っておられるのではないでしょうか。もちろん二者択一の選択でないことは重々承知していますし、先に書いたアカウンタビリティ型の模索も必要でしょう。或いは、全く新しい素晴らしい仕組みが生まれてくればそれに越したことはありません。

変化を起こすことは大変ですし、難しいのは事実です。長年やってきた仕組み、もっといえばこれは社会システムの変更ですから、簡単なわけはありません。そして、決して勢いでやるものでもないと思います。しかし、目的は企業の成長であり、国の発展であるとするならば、できない理由探しではなく、どうあるべきか、その為にはどうすればよいのかを考える、考え続けることが求められているタイミングといえるでしょう。

社会システムという言葉を使いましたが、先に述べたジョブ型とメンバーシップ型の比較のように、システム構成要素には互いに経路依存性や相互作用性があり単独で変えることは難しいものです。ということは、ひとつを変えることで、他が連動して変わりだすという作用もあります。決して二者択一ではありませんが、何か行動を起こさないと何も変わりません。日本初の新しい雇用システムのあり方ができてくるためにも、活発な議論と変革行動を続けることが求められています。

終章

本書のまとめ

八代充史

これまで本書では、２０２１年9月11日（土）にオンラインで開催されたシンポジウム「ジョブ型VSメンバーシップ型─日本的雇用制度の未来」を再現してきました。報告やコメントの詳細は、第１章から第５章をご参照いただきたいと思います。

序章で述べたことの繰り返しになりますが、本書の目的は、「ジョブ型雇用を推進するべきだ」とか「メンバーシップ型の良さが改めて確認された」といった結論をつけることではありません。ジョブ型雇用に賛成か反対かという以前に、既にジョブ型が導入されている事実に目を向けることも必要です。そもそも非正規雇用はジョブ型ですし、大学教員は講座というジョブを指定して採用する訳ですからジョブ型雇用の極致かもしれません。もっとも、一旦入社すれば、研究と教育以外にも様々なお勤めがあり、原則は配置転換がなくても身分は比較的安定しているのでメンバーシップ型の側面が強いのですが。この章では、シンポジウム当日に司会を務めた観点から、シンポジウムで提起された主要な論点の提示と若干の「解題」をして本書のまとめとしたいと思います。

本書の概要

まず、ここで改めて各章の内容を筆者の感想を交えて振り返りたいと思います。

第1章は、清家篤氏による「ジョブ型雇用の経済分析」です。ジョブ型雇用が日本的雇用制度に如何なる影響を与えるかについて人的資本理論の特殊訓練仮説を援用して、訓練費用を誰が負担するかという観点から論じています。ジョブ型vsメンバーシップ型と雇用制度の本丸に経済学の枠組を適用した、極めて明晰な分析であると言えるでしょう。

第2章は、濱口桂一郎氏の「ジョブ型vsメンバーシップ型と労働法」です。ジョブ型vsメンバーシップ型というのは、現実に存在する雇用システムを分類するための学術的概念で、価値判断を伴うものではない、という冒頭の指摘は極めて重要です。就職と採用の問題が圧倒的多数のジョブ型論者から無視されていることや、ジョブ型では整理解雇が最も正当な解雇であることなどが指摘され、通説が突き崩される爽快さを感じる展開でした。

第3章は、中村天江氏の「日本的ジョブ型雇用―人材起点の日本企業が選んだカタチ」です。大企業が導入を検討しているのは、高付加価値のタレントを育成する為の仕組みであり、年功序列という人事の「下方硬直性」を廃し、人材獲得力を高めることがジョブ型雇用の目的です。また日本の労働市場は、雇用が流動化しているのに上方移動の転職ができないという、中途半端な状態にあります。中村氏によれば、ジョブ型採用は日本の労働市場にキャリアアップ転職を広げるということです。

第4章は、植村隆生氏の「国家公務員制度とジョブ型vsメンバーシップ型」です。昭和22（1947）年に制定された国家公務員法が、実はジョブ型を指向しており、その改革を後押ししていたのがGHQであるという、大変驚くべき内容です。戦後改革におけるGHQの影響力の大きさを感じます。半面、国家公務員制度の改革が「制度」と「運用」の乖離をもたらしたのは戦後の様々な改革に共通する点であると思われます。

第5章は山本紳也氏の「コンサルタントが現場目線でみたジョブ型vsメンバーシップ型」です。外資系コンサルティング会社に御勤務の経験に基づいて会社のビジョンに沿って目標や戦略が決まると組織が決まり、ビジネスモデルが確立され、個々のジョブが明確になり、そのジョブを埋める形で人をはめることで組織が成立するのがジョブ型であるという定義は、正に実務経験のなせる業です。

シンポジウムの主要な論点

以下では、シンポジウムの質疑応答で提起された論点を3つにまとめたいと思います。

第1点は、ジョブ型雇用によって、人的投資の訓練費用を負担する主体が変化することです。この点清家篤氏はジョブ型雇用を「仕事内容は職務記述書によって規定され、その職務内容に応じて賃金を支払われ、転勤や業績評価などのない雇用形態」と定義します。そして、ジョブ型雇用が人的資本の想定する「一般的熟練」であるとすると、訓練費用を負担する主体は企業ではなく個人となります。企業が「企業特殊的熟練」に人的投資を行い、長期勤続を促すのが日本的雇用制度であるとすれば、ジョブ型雇用は従業員と企業との関係を大きく変えることになりかねません。清家氏がジョブ型雇用になると企業内人材育成が果たして大丈夫なのか、懸念を示すのはもっともだと思います。

また、フロアから意見が出されましたが、ジョブ型雇用になると転職が増大するので、企業が新規学卒者に人的投資をしても回収できなくなります。その結果新規学卒者に人的投資を行う企業がなくなり、新規学卒採用自体が立ちいかなくなる恐れもあります。

何れにせよ、ジョブ型雇用は日本的雇用制度を大きく変えてしまう可能性があるのです。

ただしジョブ型に移行することは必ずしも人的投資を減少させないのではないか、転職率が高くなる程、企業は定着の為に人的投資（例えばＭＢＡ）を行い、この場合人的投資がフリンジベネフィットの機能を担うのではないかという意見も示されました。何れにせよ人事制度の変化が人的投資の費用負担や人的投資自体の性格を変えるだろうことは、今後深められるべき重要な論点であると言えるでしょう。

第2点、濱口桂一郎氏によれば、民法や労働法制の基本はジョブ型を想定しています。例えば職業安定法は、労働条件をお互いにシグナルとしながら労働供給と労働需要を結合すべく、市場で行動する人間像を前提しています。他方、企業の実情はメンバーシップ型です。こうした「制度」と「運用」の乖離を埋めたのが、判例法理に他ならないのです。

第3点として挙げられたのは、昭和22（１９４７）年国家公務員法制定時に予定されていた公務員制度は職階制という言わばジョブ型でしたが、メンバーシップ型の公務の世界では実現に至らなかったことです。その理由について、植村隆生氏は、職階制がメンバーシップ型を基調とする国家公務員組織に馴染まなかったこと、職階制が理念的・技術的になり過ぎたことなどを挙げています。その結果、職務分析、職級制度、オープン採用、スペシャリストの育成という究極のジョブ型雇用の下で、新規学卒採用、広域配置転換、内部登用という、究極のメンバーシップ型の人事運用がなされてきました。こうした制度と運用の乖離は平成19（２００７）年に国家公務員法が改正され、職階制が名実共に廃止されるまで続きます。

ジョブ型を導入するモチベーション

以上述べた様に、日本では法律や人事制度がジョブ型を前提にしていたのとは裏腹に、メンバーシップ型に対する志向性が極めて強いことが明らかです。では、にも関わらず、企業がジョブ型雇用を導入する、或いは日本経団連（２０２１）が傘下の企業にジョブ型を導入させる理由は一体奈辺にあるのでしょうか。この点については①働き方改革に対応して、同一労働同一賃金を実現する為、②予め特定職務の遂行能力を有する者を採用することで、新規学卒採用に比べて訓練費用を節約する為、③個人の役割期待を明確化することによって、成果主義を促進する為、④ジョブ（職務）を対象にした雇用により（判例法理の枠内ではあるが）解雇を容易にする為、などの理由が考えられます。この点をシンポジウムでパネラーに問い掛けました。

この点について、濱口桂一郎氏は次の2点を挙げました。まず第1点は国の施策である働き方改革に対応する為という言わば外的な理由です。働き方改革に対応するためには、同一労働同一賃金を実現し、所定外労働時間を短縮することが求められる、ジョブ型雇用はそのために導入されるのです。

第2に、より企業の本音に近いのは、「1国2制度」の為にジョブ型を導入するというものです。この点、私の方で分かり易い例を挙げたいと思います。テレビ局がキャスターを引き抜く場合は、高額の報酬を用意する代わりに雇用契約は有期であるのが通例です。もしも彼らをメンバーシップ型の「インサイダー」としてお迎えすれば、インサイダーの賃金テーブルを適用せざるを得ないですが、それでは「ビッグネーム」を招聘できない。そこでインサイダーの俸給表では到底払えない様な高額の「ジョブ（報酬）」をメンバーシップ型の「外側」に設定する、インサイダーも、「彼らは別建てだから」ということで納得する。「1国2制度」とはあらましこうしたものです。

実はこうした「1国2制度」は、一部の日系企業が外資系企業からタレントを引き抜く際、既に行われています。日本の企業は良くも悪くも役職間の賃金格差が小さいので、同じ人事部長でも外資系に比べて日本の企業は見劣りがします。そこで日系企業が外資系人材をグローバル化で必要とするなら、且つ外資の賃金水準を維持したいなら、ちょうどテレビキャスターの様に対象となる仕事を有期雇用にして賃金を引き上げるのです。1国2制度で「有期人事部長」、こうした動きがどこまで広がるかは分かりませんが（八代、2021）。

以上は、国内の労働市場における人材獲得競争ですが、こうした人材獲得競争は日本に限らず、世界の至る所で行われています。この点山本紳也氏は「今回のジョブ型に関する議論は平成初期の成果主義に関する議論とは明らかに異なる。当時の成果主義が表向きの理由はともかく、本音は明らかに人件費管理が目的だった。他方ジョブ型の議論は、既存の人事の限界が明らかになったことが重要だ」としています。そして、「グローバルのスタンダードはジョブ型であり、従って日系企業もグローバルで人を獲り合う局面ではジョブ型でないと生き残れない。しかしこうした人材獲得競争に該当しない大多数の企業が安易にジョブ型を導入すべきではない」と述べています。

他方植村隆生氏によれば、公務員ではジョブ型を導入するモチベーションは大きくないということです。広域配置転換を前提した身分保障（雇用保障）が確立している公務組織では、やはりジョブ型は難しいのでしょうか。職階制が根付かなかった組織の本質は現在でも変わらないのでしょう。しかしデジタル庁の様に官民の交流が必要な所では、仕事を限定すればジョブ型も有効かもしれません。

なお、今回のシンポジウムでは、一時ジョブ型雇用を導入する重要な誘因と考えられたテレワークについての言及はありませんでした。

ジョブ型雇用は大学を変えるのか？

シンポジウムでは、ジョブ型雇用と大学の役割についても議論がなされました。序章で述べた様に、ジョブ型で採用の対象になるのは、当該職務に対する要件を充足するというエンプロイアビリティの有無ですが、新規学卒者にエンプロイアビリティを期待することは困難です。私自身関与している社会人教育の開講式で、さる経済団体の役職者を勤める某大企業の経営者から「大学の役割も変わらざるを得ないですね」と言われて？と感じたことを記憶しています。その背景にあるのは、大学は社会の即戦力を育成する為の職業人教育に資源を配分するべきだというイデオロギーです。こうしたイデオロギーは文系でも大学の専攻が入社後の配置と連動するという「文系の理系化」によって、職種別労働市場が形成されるべきだという労働市場感にもつながるのです。

しかし、シンポジウムの議論では、こうした見方には「まず、企業が変わることが必要であり、大学にだけ変化を期待するのは誤りである」（山本紳也氏）、「大学の役割は専門学校の様に、企業のニーズに直接応えることにあるのではない。むしろ『ものの見方』を教えることにこそ大学の存在意義があるのではないか」（清家篤氏）、といった批判的意見が多く出されました。経営学的に見ても、大学が専門学校を模倣しても所詮専門学校には敵わない、ならば大学固有の役割を追求した方が差別化という点でも望ましいと言えるでしょう。ただ、「特定の専門領域では大学と企業とがコラボする可能性はあり得るのではないか」という中村天江氏の意見は、傾聴に値すると思いました。

さらに、「ジョブ型になると人事権が人事部からライン管理職に移譲されるが人事権者はそれを許容するのか？」という現職公務員の方からの鋭い質問には、人的資源管理論の研究者として大いに膝を打ちました。広域の配置転換を前提としているメンバーシップ型とは異なり、ジョブ型では雇用は第一義的には職務に対してなされます。従って人事権を有するのは、人事部ではなくラインの管理職にならざるを得ません。どの様な組織でも、人事権は求心力の源泉、とすれば、ジョブ型雇用がもたらすのは人事部が人事権を自らの意思で移譲するというよりは、ラインによる人事権の「簒奪」ではないか。人事部が自らの求心力を低めることを敢えて行う理由は一体どこにあるのか。先の質問の「ココロ」はこの点にあるのではないでしょうか。山本紳也氏が述べる様に、そこまで思案を巡らせている日本企業は現状存在しないのかもしれませんが。

その他シンポジウムでは「ジョブ型になると、企業内労働市場はもちろん外部労働市場の役割が重要ではないか?」、「ジョブ型になると、企業はもとより個人にもキャリア意識が求められるのではないか?」など多様な意見が出されました。この章では、専ら企業の観点からジョブ型vsメンバーシップ型について検討しましたが、労働市場の働き手からすれば、ジョブ型は市場における道標の役割を果たしうるのかもしれません。

おわりに

以上、シンポジウム当日の主要な論点を振り返りました。強いて結論めいたことを申し上げるならば、

①　メンバーシップ型雇用には問題が多いが、さりとてジョブ型雇用に移行すれば問題がすべて解決するという単純なものではない。

②　現行の雇用制度をジョブ型にするにはかなりのエネルギーが必要であるし、転職の増大と人的投資の減少という問題も懸念される。

③　ジョブ型雇用がスタンダードであるグローバル人材市場では、ベストタレント獲得の為にジョブ型を導入しなければならないことも想定される。

④　通常「ジョブ型雇用」と言う場合、メンバーシップ型がジョブ型に代替されることが想定されているが、現状日本企業のジョブ型は「有期人事部長」の様にメンバーシップ型を代替する場合とメンバーシップ型を補完する為にその外側に構築

される場合の2つのパターンが存在する。

⑤　ジョブ型雇用への転換が行われない理由を大学に求めるのは、本末転倒である。

ということになるでしょうか。

とは言え、これでジョブ型vsメンバーシップ型が論じ尽くされた訳ではありません。ジョブ型＝職務記述書という等式は成立するか、労働組合はジョブ型雇用と折り合えるかといった、限られた時間帯で議論が叶わなかった問題も数多く存在します。シンポジウムをきっかけに、ジョブ型、メンバーシップ型に関してさらに議論が深まることを期待して、本書の結びとしたいと思います。

―参考文献―

日本経済団体連合会（2021）『2021年版経営労働政策特別委員会報告』経団連事業サービス。

八代充史（2021）「転職と雇用制度―米系大手多国籍企業日本法人勤務経験者のインタビューを通じて」日本労務学会第51回全国大会報告。

［補論］慶應義塾大学産業研究所とＨＲＭ研究会

（八代充史）

ここでは、今回のシンポジウムが慶應義塾大学産業研究所ＨＲＭ研究会で開催されたことに鑑みて、大学産業研究所とＨＲＭ研究会について一言したいと思います。

産業研究所とは(1)

慶應義塾大学産業研究所は、労使関係専門家の間に生まれた経営と労働に関する研究所設立の機運を踏まえ、大学、産業界および労働界の協力を得て、慶應義塾創立１００周年記念事業の一環として、１９５９年９月に設立されました。設立当初はビジネススクールの準備室や計算機室が併設されていましたが、各々１９６３年、１９６９年に分離されて、現在に至っています。評議員や賛助員に企業経営者を迎え、産業界・労働界が切実に問題解決を望んでいる分野の調査研究を行うことを研究の特色としていたことから、研究所の設立が米国の大学における労使関係研究所を範として労使関係安定化に資することを目的としていたことが窺われます(2)。

初代の所長は1960年に中央労働委員会会長に就任する藤林敬三（当時・経済学部教授、労使関係論）、現所長は石岡克俊（大学院法務研究科教授、経済法）です。研究所が50周年を迎えた2009年から2010年にかけては、多くの記念事業が実施されました。2019年は、開所60周年、これを記念して『産研60年史（仮題）』の刊行が進行中です。研究所は、経済学、法学、行動科学の3部門に分かれていますが、その特徴は学部を横断する研究機関という点にあり、大学内外の研究者を組織したプロジェクトが数多く行われてきました。1960年代に春闘における賃金交渉の仕組みを明らかにした佐野・小池・石田編（1969）は、研究所黎明期におけるプロジェクトの代表的な成果です。

行動科学部門の変遷

以下では行動科学部門とＨＲＭ研究会について、設立と活動実績、および研究会を先達から引き継いだ者として、知りうる限りの「歴史」について述べたいと思います。

筆者が大学院商学研究科に入学した１９８０年代前半の行動科学部門は経営・人事の社会心理学的アプローチ、具体的には「精研式文章完成法」や、行動科学部門の紀要である『組織行動研究』に掲載された「大卒社員の入社後3年間の上司との垂直的交換関係[3]」の研究で、文字通り学界をリードしていました。その後１９９０年代になると、佐野陽子（商学部）、石田英夫（大学院経営管理研究科）両教授が、共同研究を主宰されました。佐野陽子教授は、経済学、法律、行動科学、3部門の合同プロジェクトとして「労働市場の規制緩和」研究を企画され、研究成果は佐野陽子他編（１９９９）として刊行されています。

他方石田英夫教授は「R&D（Research & Development）」、「ST（Science and Technology）」、のプロジェクトを立ち上げ、１９９６年から２０００年まで『組織行

動研究』に研究成果を発表していきます。かくいう筆者も1998年～2003年に賃金制度、評価制度の研究プロジェクトを組織し、2005年以降は、歴史上の重大な事件に遭遇された方々の証言聴取を行い、それを記録に残すというオーラルヒストリーに従事しています。(4)

以上要するに、行動科学部門は、慶應義塾における産業・組織心理学のセンターからHRM（Human Resources Management、人的資源管理）研究のセンターにその立ち位置を移して現在に至っているのです。

ＨＲＭ研究会とは

今回のシンポジウムの開催母体であるＨＲＭ研究会は、行動科学部門に所属しており、メンバーは大学研究者、大学院生、及び人事担当者や人事コンサルタント等の実務家で、登録者は２０２１年10月現在１２５名です。

この研究会は、１９８５年に佐野陽子教授と石田英夫教授によって設立されました。研究会発足当時はＨＲＭ、何？という感じであったことを考えると、正に隔世の感があります。当初2年間は日吉の旧大学院経営管理研究科校舎の地下会議室で開催されていましたが、その後は三田に移り、コロナ禍の2020年度からはオンラインで開催しています。両教授のご退職に伴い、1999年以降は筆者が研究会を主宰しています。

発足当初、研究会は大学院生に報告機会を与えて、研究者として育成することに主眼が置かれていました。当時は院生が多数在籍しており、研究会も毎月開催されていました。しかし、その後院生が「少数精鋭化」していく中、開催は年4回が原則となり、大学院生の報告は「院生セッション」として本報告の前に行う様になりました。現在は、旬のテーマで研究をしている研究者や実務家に御報告頂くことを研究会の目的として重視しています。巻末に2001年以降の報告者とその演題を示したので、ご参照下さい。

研究会は、週末夜の開催が原則ですが、年1回はウィークエンド・セミナーという形で土曜日の昼間に開催しています。2016年5月は、平野光俊神戸大学教授と守島基博一橋大学教授（何れも当時）による「HRM研究東西横綱対決」と銘打った30周年記念報告会をオープン参加で開催しました。2020年9月は、1960年代に佐野陽子教授、石田英夫教授と春闘の賃金波及に関する共同研究に従事され、戦後日本の労働経済学研究に大きな足跡を残した故小池和男教授のご事績を振り返るシンポジウムが、

２０２１年９月は35周年記念シンポジウム「ジョブ型VSメンバーシップ型」が、各々オンラインで開催されました。

ＨＲＭ研究会の意義

昨今研究者と実務家の出会いや実務家同士の出会いの場は、ＨＲＭ研究会に限らず社会の至る所に見られます。しかし、その多くは企業によって設定されたものであり、出会いの場を設ける方も、それを求める方も、ビジネス、利害、思惑、といったものと無縁ではあり得ません。大学という組織が運営するＨＲＭ研究会は、純粋に知的交流を促進することをミッションとするべきであり、何よりも重要であるのは研究会の中立性を担保することです。これまで研究会は如何なる団体からも寄付はお受けせず、運営は参加者からの実費で賄われてきました。研究会が長きに渡り存続している理由は、正にこの点にあるのです。今後も微力ながら研究会の発展に努めて参りたいと思います。

―注―

（1）以上の記述は、『慶應義塾大学産業研究所案内』1960年、慶應義塾大学産業研究所ウェブサイトに依拠しています。

（2）当時米国の大学における労使関係研究については、中條（1991）を参照して下さい。

（3）精研式文章完成法については、佐野・槇田（1970）を、大卒新入社員のキャリア発達の研究に関しては、若林・南・佐野（1980）を参照して下さい。

（4）一連の研究成果については、廣石・福谷・八代編（2002）、同（2004）、八代他編（2010）、同（2015）、同（2021）として刊行されています。

―参考文献―

佐野勝男・槇田仁（1970）『精研式文章完成法テスト解説：成人用』金子書房。

佐野陽子・小池和男・石田英夫編（1969）『賃金交渉の行動科学―賃金波及のしくみ』東洋経済新報社。

佐野陽子・宮本安美・八代充史編（1999）『人と企業を活かすルールしばるルール―これからの労働法制を考える』中央経済社。

中條毅（1991）「産業関係学を省みて—その歴史とパラダイムを求めて」『評論・社会科学』42号。

廣石忠司・福谷正信・八代充史編（2002）『グローバル化時代の賃金制度』生産性労働情報センター。

廣石忠司・福谷正信・八代充史編（2004）『21世紀の評価制度—評価・処遇システムの新展開』生産性労働情報センター。

八代充史他編（2010）『能力主義管理研究会オーラルヒストリー—日本的人事管理の基盤形成』慶應義塾大学出版会。

八代充史他編（2015）『「新時代の『日本的経営』」オーラルヒストリー—雇用多様化論の期限』慶應義塾大学出版会。

八代充史他編（2021）『日産・ルノーアライアンス オーラルヒストリー—グローバル提携時代の雇用・労使関係』慶應義塾大学出版会。

若林満・南隆男・佐野勝男（1980）「わが国産業組織における大卒新入社員のキャリア発達過程—その継時的分析」『組織行動研究』N0.6。

おわりに

ようやくあとがきを書くことができました。本書の原稿を執筆しながら、あらためてＨＲＭ研究会の来し方行く末に思いを馳せました。私は研究会の旗揚げ以来のメンバーですが、日吉の大学院経営管理研究科校舎（当時）の地下会議室で開かれた第1回研究会で、日本的雇用制度における賃金と生産性に関する白熱した議論が行われたことや、先生方の気迫に押されて一言も発言できなかった自らを恥じると共に、改めてプロの世界の厳しさを垣間見て足が竦んだことが昨日のことの様に思い出されます。私にとってこの研究会は、自らが研究を報告し、優れた研究者の報告から様々なことを学び、更には研究会の運営を学ぶという、正に研究者としての道場でした。

１９８５年の設立からの35年余り（とは言っても、１９８７年~１９９６年は現在の労働政策研究・研修機構に勤務していたので、余り参加はできていませんが）、色々なことがありました。博士論文の骨格を報告してこてんぱんにやっつけられたこと、初めて司会を担当した際時間が大幅に超過してしまい、佐野陽子先生に怒られたこと、その後も私の質問が長すぎると、石田英夫先生にお小言を頂戴したこと、ある報告者が「出産ペナルティ」という言葉を純粋に学術的に使用したものの真意が伝わらず、「火消」に苦労したこと、年度末に懇親会を企画したら、ドタキャンが相次ぎ大赤字になったこと、報告者が帰路に田町駅前の階段で骨折してしまい、バツの悪い思いをしたこと。正に汗顔の至りです。本当によくここまで続いたと思います。

研究会運営に携わる様になりましてから四半世紀、観劇が趣味の私はよくＨＲＭ研究会を芝居になぞらえて考えます。日本労務学会、日本労使関係研究協会、組織学会が「ＨＲＭ興行の大劇場」なら、ＨＲＭ研究会は「町の芝居小屋」です。これは決して卑下しているわけではなく、小劇場には縦割りの学会にはない小劇場の良さがあるものです。学会とは異なり、会費も理事会もプロコミもありません。毎回報告のご依頼をして座組を決定するのは、「太夫元」である私の責任です。正直大変なことも多いですが、その分小回りが利き、迅速に意思決定を行うことが可能になるのが長所と言えるでしょう。

最後に、これまで研究会を支えていただいた多くの方に感謝します。まずは歴代参加者の皆様、歴代の報告者やコメンテーターの皆様、ありがとうございました。また研究会の設営をお手伝いいただいた歴代の大学院生の方々、産業研究所所員、研究員、共同研究員の先生方、事務室の方々、私設秘書の方々（そのうちの一人は、私の配偶者です）、こうした方々のサポートがなければ、本日まで研究会を続けることは不可能でした。本当にありがとうございました。

しかし私が最も大きな謝辞を捧げたいのは、慶應義塾大学産業研究所です。これまで活動を続けてこられたのは、本研究会が「慶應義塾大学産業研究所ＨＲＭ研究会」であるからに他なりません。今回、「ジョブ型VSメンバーシップ型」というＨＲＭのど真ん中のテーマに関する本をＨＲＭ研究会編で読者に届けることが出来て感慨もひとしおです。慶應義塾大学での研究・教育も第３コーナーを回りましたが、たいまつの灯を次のランナーに手渡すまで、研究会の運営に邁進したいと思います。

八代　充史

〈シンポジウムポスター〉

慶應義塾大学産業研究所 HRM 研究会３５周年記念シンポジウム

ジョブ型 VS メンバーシップ型：日本的雇用制度の未来

２０２１年9月１１日（土）１３：００〜１７：００（開場１２：４５）

ZOOM にて開催

アジェンダ

13:00　開会の辞 石岡　克俊　慶應義塾大学大学院法務研究科教授、同大産業研究所長
13:05〜13:10　八代　充史　慶應義塾大学商学部教授　同大産業研究所兼担所員
「本日のシンポジウムについて」
13:10〜13:40　清家　篤氏　日本私立学校振興・共済事業団理事長
慶應義塾大学名誉教授、同大産業研究所兼任所員
「ジョブ型 VS メンバーシップ型と日本的雇用制度」
13:40〜14:10　濱口　桂一郎氏　労働政策研究・研修機構研究所長
「ジョブ型 VS メンバーシップ型と労働法」
14:10〜14:20　休　憩
14:20〜14:50　中村　天江氏　リクルートワークス研究所主任研究員
「日本的ジョブ型雇用—人材起点の日本企業が選んだカタチ」
14:50〜15:20　植村　隆生氏　人事院事務総局企画法制課長
「国家公務員制度とジョブ型 VS メンバーシップ型」
15:20〜15:30　休　憩
15:30〜15:45　コメント　山本　紳也　氏　㈱HR ファーブラ代表取締役
15:45〜16:55　パネラー間の意見交換、フロアとの質疑応答
16:55〜17:00　閉会の辞　八代　充史

ご出席のお返事を頂きました方には、9月８日頃 ZOOM のリンクをお送りいたします。
当日は、ZOOM によりシンポジウムを録画することを御了解下さい。

準備の都合上ご出欠の連絡を9月3日（金）迄にお願い致します。
連絡先：慶應義塾大学産業研究所
HRM 研究会事務局

［2021年９月11日（オンラインZOOM、設立35周年記念報告会）］

ジョブ型VSメンバーシップ型―日本的雇用制度の未来―

▶清家篤氏　日本私立学校振興・共済事業団理事長／慶應義塾大学名誉教授

「ジョブ型雇用の経済分析」

▶濱口桂一郎氏　労働政策研究・研修機構研究所長

「ジョブ型VSメンバーシップ型と労働法」

▶中村天江氏　リクルートワークス研究所主任研究員

「日本的ジョブ型雇用―人材起点の日本企業が選んだカタチ」

▶植村隆生氏　人事院事務総局企画法制課長

「国家公務員制度とジョブ型・メンバーシップ型」

コメンテーター：山本紳也氏　㈱HRファーブラ代表取締役

報告の演題や報告者の肩書、共同報告者の氏名等については当時の報告資料や大学等のウェブサイトで可能な限り追跡致しましたが、なお一部に不備があるかもしれません。ご寛恕の程お願い申し上げます。

［2020年12月11日 （オンライン ZOOM)］

▶吉川克彦氏 大学院大学至善館准教授兼副学長

「ハイパフォーマンスワークシステムが多国籍企業の海外拠点での従業員のリテンションに与える影響―コンティンジェンシーアプローチ」

▶中島千鶴氏 在ロンドン英日法律協会会長／ロンドンメトロポリタン大学名誉教授／元ロンドンシティ大学金融規制研究所所長

「法的視点から見た英国におけるコーポレートガバナンスと現状と課題」

［2021年3月5日（オンライン ZOOM)］

▶渡辺恵子氏 国立教育政策研究所教育政策・評価研究部長

「国立大学事務職員のファスト・トラックと能力開発」

コメンテーター：今井由紀子氏 内閣府官民人材交流センター主任調整官

▶ファビアン・フローゼ氏 ゲッティンゲン大学教授／HR東アジア部門長

「Knowledge arquisition of expatriates」

通訳：井口知栄氏 慶應義塾大学商学部教授

コメンテーター：山本紳也氏 ㈱HRファーブラ代表取締役

［2021年6月18日（オンライン ZOOM)］

▶王英燕氏 慶應義塾大学商学部教授

「組織におけるアイデンティティ構築」

▶馬欣欣氏 法政大学経済学部教授

「Wage Premium of Communist Party Membership :Evidence from China」

コメンテーター：梅崎修氏 法政大学キャリアデザイン学部教授

［2020年９月12日　Weekend Seminar（オンラインZOOM）］

—小池和男先生の労働経済・労使関係・人的資源管理研究への貢献を振り返る—

▶太田聰一氏　慶應義塾大学経済学部教授

「小池先生の労働経済学」

▶大湾秀雄氏　早稲田大学政治経済学術院教授

「小池先生と比較制度分析の形成」

▶佐藤博樹氏　中央大学大学院戦略経営研究科教授

「ホワイトカラーのスキルと『知的熟練』」

▶八代充史氏　慶應義塾大学商学部教授

「日本の雇用制度と大卒ホワイトカラーの人材開発研究への小池先生の貢献」

▶守島基博氏　学習院大学経済学部教授

「コメント：人的資源管理論（HRM）の立場からみた小池研究」

［2020年10月23日（オンライン　ZOOM）］

▶ノバルティス・ファーマ＆慶應義塾大学八代研究会

「制度転換期におけるミドルマネージャーの役割とキャリア自立支援」

コメンテーター：坂爪洋美氏　法政大学キャリアデザイン学部教授

▶池田心豪氏　労働政策研究・研修機構主任研究員

「介護問題から考えるこれからのワークライフバランス」

コメンテーター：坂爪洋美氏　法政大学キャリアデザイン学部教授

▶小田勇樹氏　日本大学法学部専任講師

「幹部公務員のキャリアと中途採用—英・韓における運用実態の分析」

コメンテーター：役田平氏　人事院職員福祉局職員福祉課長

▶今井由紀子氏　内閣府官民人材交流センター主任調整官
「幹部公務員の人材育成」
▶泉澤佐江子氏　浦安市福祉部障がい事業課係長
「地方公務員のＨＲＭ」
▶清水唯一朗氏　慶應義塾大学総合政策学部教授
「歴史から見た官僚制とオーラルヒストリー」

［2019年11月14日］
▶出口奈緒子氏　筑波大学大学院人間総合科学研究科看護科学専攻助教
「自閉スペクトラム症の特徴のある人の配偶者のセルスティグマとHOPE」
▶久保克行氏　早稲田大学商学学術院教授
「Employment adjustment, dividend cuts, and corporate governance」

［2020年１月17日］
▶丁飛氏　慶應義塾大学大学院商学研究科修士課程
「日本的雇用慣行から見る高度人材の雇用・就労」
▶藤本真氏　労働政策研究・研修機構主任研究員
「スモール・ビジネス・セクターの仕事の世界と栄枯盛衰」
▶須田敏子氏　青山学院大学大学院国際マネジメント研究科教授
「マネジメント研究への招待―研究方法の種類と選択」

▶高木朋代氏　敬愛大学経済学部教授

「産業社会における共生のメカニズム―高年齢者・障害者雇用研究からの探索」

［2019年3月29日］

▶翁娜娜氏　慶應義塾大学大学院商学研究科博士課程

「先進国多国籍企業における国際人的資源管理のハイブリダイゼーションは如何に企業業績に影響するか？―ベトナムにおける日系多国籍企業の事例から」

▶松原光代氏　PwCコンサルティング合同会社主任研究員／マネジャー

「オープンイノベーションの推進に向けた人事部門の支援とは」

▶中田博文氏、田村拓也氏、田中美和氏、小崎亜依子氏、兵藤郷氏

「雇われない働き方と雇われる働き方がそれぞれ抱えるメンタルヘルス課題の相違に関する考察―フリーランスのメンタルヘルスマネジメント」

▶久米功一氏、鹿内学氏、三宅朝広氏、兵藤郷氏

「バイタルデータは従業員の生産性計測に利用できるか
―事業者への聞き取り調査から示唆される分析枠組みの検討」

［2019年9月28日　Weekend Seminar］

公務員のHRM（Human Resource Management）―民間企業と比較して

▶西村美香氏　成蹊大学法学部教授

「国家公務員のＨＲＭ―身分保障を中心に」

▶増尾秀樹氏　人事院人材局企画官

「国の人事部について―人事院・内閣人事局を中心に」

［2018年５月19日　Weekend Seminar　―日系グローバル企業＆外資系企業のHRM―］

▶一守靖氏　日本NCR㈱執行役員人事教育・管理部長
「外資系企業の報酬・雇用制度」

▶太田信之氏　バレオコンマネジメントコンサルティング　パートナー
「買収による企業文化の変革」

▶田中憲一氏　サントリーホールディングス㈱グローバル人事部部長
「日系企業・外資系企業のタレントマネジメント」

▶吉岡圭介氏　プロトラブズ合同会社人事・総務部マネージャー
「外資系企業比較―転職経験から」

［2018年９月21日］

▶角直紀氏　慶應義塾大学大学院商学研究科修士課程
「人事制度は何によって決まるのか？
―QCA（質的比較分析）を用いた制度ロジックの影響分析」

▶都留康氏　一橋大学経済研究所特任教授
「製品アーキテクチャと人材マネジメント」

▶西岡由美氏　立正大学経営学部教授
「多様化する雇用形態の人事管理」

［2018年11月16日］

▶兪匯氏　慶應義塾大学大学院商学研究科修士課程
「ソーシャルキャピタルと昇進スピードの関連性について」

▶細萱伸子氏　上智大学経済学部准教授
「日本人女性のグローバルキャリア形成をめぐる構造と自律」

▶大湾秀雄氏　東京大学社会学研究所教授

「人的資源管理・組織研究における人事データの価値
—採用、女性活躍推進、管理職登用への含意」

コメンテーター：馬欣欣氏　一橋大学経済研究所准教授

［2017年９月15日］

▶田中恒行氏　東京経営者協会経営・相談部部長

「戦後日本の賃金論の変遷を辿る—日経連の賃金政策を手がかりとして」

▶西村孝史氏　首都大学東京大学院社会科学研究科准教授

「ソーシャル・キャピタルの規定要因としての人材マネジメント」

［2017年11月17日］

▶坂爪洋美氏　法政大学キャリアデザイン学部教授

「子どもを持つ女性正社員部下に対する管理職行動とその規定要因」

▶山本寛氏　青山学院大学経営学部教授

「働く人の専門性・専門性意識と組織の専門性マネジメントの研究」

［2018年３月８日］

▶上原克仁氏　静岡県立大学経営情報学部講師

「企業内コミュニケーション・ネットワークが生産性に及ぼす影響
—ウェアラブルセンサを用いた定量的評価」

▶島貫智行氏　一橋大学大学院商学研究科教授

「日本企業の人事部門の社内影響力の変化」

［2016年９月30日］

▶内山哲彦氏　千葉大学法政経学部教授

「統合報告と人的資産」

▶太田信之氏　バレオコン・マネジメントコンサルティング　アジア・パシフィック代表

「日本企業をグローバルにする上での課題―企業経営の現場から」

［2016年12月１日］

▶中川有紀子氏　立教大学大学院ビジネスデザイン研究科教授

「女性管理職は日本企業をどう変えるか？―事例研究と定量分析から」

▶黒田祥子氏　早稲田大学教育・総合科学学術院教授

「労働時間決定に関する『同僚効果』
―欧州における多国籍企業の従業員データに基づいて」

［2017年３月３日］

▶風神佐知子氏　中京大学経済学部准教授

「地域のサービス産業の生産性には隣人が影響する？
―所得水準と競争、集積経済からの考察」

▶松浦民恵氏　㈱ニッセイ基礎研究所生活研究部主任研究員

「働き方改革のフロンティア―改革の射程の広がりを視野に」

［2017年５月20日　Weekend Seminar　―異なる学問分野からのHRM研究への接近―］

▶江夏幾多郎氏　名古屋大学大学院経済学研究科准教授

「処遇の納得性についての実証研究
―媒介要因としての“総合的公正判断（General Fairness Judgment）”に注目して」

［2015年11月27日］
▶八代充史氏　慶應義塾大学商学部教授
　「企業統治と人的資源管理—日本と英国」
▶中村天江氏　リクルートワークス研究所主任研究員
　「変容する労働市場下での転職」
▶福田秀人氏　ランチェスター戦略学会副会長
　「想定外の脅威への闘い方」

［2016年３月11日］
▶石原直子氏　リクルートワークス研究所『Works』編集長
　「タレントマネジメントの現状、米国及び日本」
▶北川浩伸氏　日本貿易振興機構 サービス産業部長
　「我が国サービス産業のグローバル展開の現状とＨＲＭの視点から考えられる課題」

［2016年５月14日　設立30周年記念報告会］
第１部 「HRMと採用学」
▶服部泰宏氏　横浜国立大学大学院社会科学研究院准教授
　「日本企業の採用活動の革新と連続性—実証データに基づく検討」
　コメンテーター：田中勝章氏　リクルートワークス研究所主任研究員
第２部 「日本企業のHRM：その過去・現在・未来」
▶守島基博氏　一橋大学大学院商学研究科教授
　「日本企業のHRM：その過去・現在・未来—戦略人事の観点から」
▶平野光俊氏　神戸大学大学院経営学研究科教授
　「日本企業のHRM：その過去・現在・未来—制度的補完性の観点から」

〔2014年12月5日〕

▶山本紳也氏　筑波大学大学院ビジネス科学研究科客員教授

「HR視点から見た、日本企業の抱えるグローバル化課題と現状」

▶木村琢磨氏　法政大学キャリアデザイン学部准教授

「社内政治のスキル―研究の動向と今後の課題」

〔2015年1月29日〕

▶ジョージ・オルコット氏

“Japanese governance and the challenge of globalisation”

〔2015年5月22日〕

▶宮本光晴氏　専修大学経済学部教授

「企業統治の変化と日本企業の多様化」

▶石田英夫氏　慶應義塾大学名誉教授

「グローバルマネジャーと企業家精神―日本企業の競争力低下を考える」

〔2015年7月1日〕

▶一守靖氏　㈱シンジェンタジャパン執行役員人事本部長

「本社人事部から見た日本的雇用慣行の変化」

▶永瀬伸子氏　お茶の水女子大学生活科学部人間生活学科教授

「育児休業法における『育児短時間』が出生に与える影響」

［2014年６月12日］

▶廣田薫氏　㈱日本能率協会総合研究所組織・人材戦略研究部主幹研究員／城西国際大学非常勤講師

「高齢法改正を踏まえたものづくり―中小企業における高齢者の活用方策」

▶永野仁氏　明治大学政治経済学部教授

「団塊世代の経営者・自営業主」

［2014年10月３日］

▶石原静氏　慶應義塾大学大学院商学研究科修士課程

「賃金を伴わない労働の動機づけ
―公的資格者団体（東京都行政書士会・東京行政書士政治連盟）の役職者の事例から」

▶山内麻理氏　同志社大学客員教授／慶應義塾大学産業研究所研究員

「雇用システムの多様化と国際的収斂―グローバル化への変容プロセス」

コメンテーター（山内報告）：石田英夫氏　慶應義塾大学名誉教授

［2014年11月13日］

▶梅崎修氏　法政大学キャリアデザイン学部キャリアデザイン学科准教授

「学生の視点から見た企業内キャリアパスと希望企業の形成
―Job Demand Controlモデルに基づいた理論的検討（小林徹氏との共著）」

▶矢島格氏　上武大学ビジネス情報学部会計ファイナンス学科教授

「銀行業における『天下り』現象と独立社外役員
―社外役員設置の独立性基準は適切か？」

［2013年７月19日］

▶小林徹氏　慶應義塾大学大学院商学研究科博士課程

「人材紹介会社を利用した転職・採用の成功要因に関する計量分析」

▶蔡芢錫氏　専修大学経営学部教授

「組織内で個人の自由がもたらす順機能」

［2013年10月24日］

▶萩原牧子氏　リクルートワークス研究所研究員 他

「アジアの働くを解析する―Global Career Surveyの調査結果より」

▶牛尾奈緒美氏　明治大学情報コミュニケーション学部教授

「ダイバーシティーを生かすリーダーシップと女性の活躍」

［2013年12月13日］

▶大藪毅氏　慶應義塾大学経営管理研究科・ビジネススクール専任講師

吉村公雄氏　慶應義塾大学医学部医療政策管理学教室専任講師

「チーム医療と医療組織改革―労働構成と再編」

▶馬越恵美子氏　桜美林大学経済・経営学系教授

「日本の女性はリーダーになれるのか？

―異文化経営／ダイバーシティ・マネジメントとの関連で考察する」

［2014年１月23日］

▶南雲智映氏　連合総合生活開発研究所研究員

「失業不安と労働組合」

▶須田敏子氏　青山学院大学大学院国際マネジメント研究科教授

「人事戦略・労働市場の産業間比較」

［2012年10月12日］

▶村上雄哉氏　慶應義塾大学大学院商学研究科修士課程

「日系多国籍企業における人事制度のあり方―現地適応か、グローバル統合か」

▶吉川克彦氏　㈱リクルートマネジメントソリューションズ主任研究員

「日本人赴任者が中国において直面するリーダーシップ発揮上の課題」

▶大湾秀雄氏　東京大学社会科学研究所教授

「社内人事データを使った産学官連携研究プロジェクトからの知見―男女賃金格差の原因、就職氷河期入社の長期的影響、主観的評価の問題点など」

［2012年12月21日］

▶武石恵美子氏　法政大学キャリアデザイン学部教授

「ワーク・ライフ・バランス実現の課題―現場のマネジメントと女性活躍推進の重要性」

▶佐藤博樹氏　東京大学大学院情報学環（社会科学研究所兼務）教授

「仕事と介護の両立支援の課題―子育てとの相違を考える」

コメンテーター：永瀬伸子氏　お茶の水大学生活科学部生活人間学科教授

［2013年３月15日］

▶大薗陽子氏　城西大学現代政策学部客員准教授

「心理会計と貨幣の代替性」

▶石川淳氏　立教大学経営学部教授

「シェアドリーダーシップとチーム業績」

［2011年10月13日］

▶本橋潤子氏　慶應義塾大学大学院商学研究科修士課程

「日本企業における倫理的意思決定の意味と課題」

▶稲葉裕昭氏　早稲田大学政治経済学術院教授

「公務員制度改革―現下の課題」

コメンテーター：増尾秀樹氏　人事院事務総局国際課主任国際専門官

［2011年11月11日　特番］

▶ロナルド・ドーア氏　日本学士院客員／ロンドン・スクール・オブ・エコノミクス名誉フェロー

"Will Financialisation Grow the Market Economy, or Kill it?"

［2012年1月20日］

▶神原彩氏　慶應義塾大学大学院商学研究科修士課程

「日本企業のワーク・ライフ・バランス推進に対する批判的検討
―企業倫理学の観点から」

▶島貫智行氏　一橋大学大学院商学研究科准教授

「登録型派遣労働者のキャリア形成―職種の変更に注目して」

▶永瀬伸子氏　お茶の水女子大学生活科学部人間生活学科教授

「米国有子女性のキャリア形成
―米国企業4社および3フォーカスの聞き取りグループから」

［2012年6月29日］

▶山下充氏　明治大学経営学部経営学科准教授

「日本型人事部の歴史」

▶松浦民恵氏　㈱ニッセイ基礎研究所生活研究部門主任研究員

「営業職の人材マネジメント―4類型による最適アプローチ」

［2010年10月21日］

▶山本哲史氏　㈱シーディア取締役　特定社会保険労務士
　「労働者派遣の社会的役割と技術者派遣における派遣技術者のキャリア形成」

▶齋藤由里子氏　味の素㈱
　高井敦子氏　　味の素労働組合事務局専任中央執行委員
　「ワーク・ライフ・バランスへの取り組み」

［2011年3月3日］

▶ジョージ・オルコット氏　東京大学先端科学技術研究センター特任教授
　「外資が変える日本的経営」
　コメンテーター：須田敏子氏　青山学院大学国際マネジメント研究科教授

［2011年5月14日設立25周年記念報告会］

▶石田英夫氏　英国国立ウェールズ大学経営大学院MBAプログラム教授
　「アントレプレナーシップと地域開発」
　コメンテーター：梅澤隆氏　国士舘大学政経学部教授

［2011年7月1日］

▶ヤング・吉原麻里子氏　立命館大学MOT大学院客員教授／㈱IRIS
　「大学院で成功するための基礎スキル―研究者はどうやって議論を構築するのか」

▶兵藤郷氏　リクルートワークス研究所研究員
　「課長任用における『現場と人事部門の機能分担』」

X社の事例」

▶岡島悦子氏　㈱プロノバ代表取締役社長

「これからの時代に必要とされるビジネスリーダー像とその潮流とは」

［2010年３月12日］

▶横山和子氏　東洋学園大学現代経営学部教授

「国際公務員研究から見た日本人の人的資源管理の特質と課題」

▶森下一乗氏　㈱ネクストキャリア

「セーフプレースメントの我が国への導入と今後の課題
—米国型アウトプレースメントの日本型再就職支援としての定着と問題点」

［2010年５月14日］

▶中川有紀子氏　東芝GEタービンサービス㈱人事勤労部長

「女性人材活用戦略と企業財務業績の関係性」

▶鈴木美伸氏　プロフェッショナル・リクルーターズ・クラブ代表

「大学と企業を結ぶキャリア支援」

［2010年７月１日］

▶山内麻理氏　慶應義塾大学産業研究所共同研究員

「金融機関の雇用制度の多様性—業態による差異・他産業との比較」

▶大薗陽子氏　慶應義塾大学大学院システムデザイン・マネジメント研究科付属システム・マネジメント研究所研究員

「管理職の仕事満足度に関する実証分析—女性管理職を中心に」

［2009年３月５日］
▶前浦穂高氏　立教大学経済学部助教
「地方公務員の人事管理」
▶佐藤厚氏　法政大学キャリアデザイン学部教授
「人的資源管理論とキャリア論―統合的枠組み構築にむけて」

［2009年７月３日］
▶一守靖氏　慶應義塾大学産業研究所共同研究員
「日本の大企業における人事部の機能について
―人事部門に対する事例研究を中心に」
コメンテーター：高橋菜穂子氏
ノバルティスファーマ㈱人事・コミュニケーション本部人材組織部
▶西端雄一氏　プラウドフットジャパン㈱プリンシパル
「マネジメント行動に着目した経営改革アプローチ
―実力向上プロジェクトの事例を通じた試論」
コメンテーター：八代充史氏　慶應義塾大学商学部教授

［2009年９月18日］
▶北川浩伸氏　日本貿易振興機構海外調査部主任調査研究員
「海外進出段階と海外派遣員人的資源管理の企業内連動性分析」
▶角方正幸氏　㈱リアセック　キャリア総合研究所所長
「大不況で日本型新卒採用システムは変わるのか」

［2009年12月17日］
▶松村安名氏　中野区役所管理会計室経営分析担当主任
「企業合併が従業員のモチベーションに与える影響―ITメーカー

［2008年３月14日］
▶藤本真氏　労働政策研究・研修機構人材育成部門研究員
「事業再生過程における人事管理と労使コミュニケーション」
▶佐野哲氏　法政大学経営学部教授
「労働市場サービスにおける国と民間の関与」

［2008年７月11日］
▶佐藤純氏　青山人事コンサルティング株式会社代表取締役
「コンピテンシー評価と職能評価の相違点と導入の課題」
▶山本明男氏　鹿島建設株式会社建築企画部グループ長
「建設業のグローバル戦略における人材活用について」

［2008年10月２日］
▶高木朋代氏　敬愛大学経済学部准教授
「高年齢者雇用研究から見た日本の人的資源管理の特質と課題」
▶平田光子氏　日本大学グローバル・ビジネス研究科教授
「企業の持続的成長と経営資源としての創業者精神」

［2008年12月12日］
▶坂爪洋美氏　和光大学現代人間学部准教授
「ワーク・ライフ・バランス施策に対する管理職の認識とリーダーシップ行動」
▶高田朝子氏　法政大学大学院イノベーション・マネジメント研究科准教授
「ミドル人脈の構造―よき人脈を構築するための一試案」

［2007年３月９日］

▶竹内規彦氏　東京理科大学経営学部講師

「日本企業における戦略的人的資源管理（SHERM）の新展開

—SHRMプロセスにおける経営環境のモデレーター効果の検討」

▶久保克行氏　早稲田大学商学部助教授

「企業合併と従業員の処遇」

［2007年６月29日］

▶南雲智映氏　早稲田大学アジア太平洋研究センター助手

馬欣欣氏　慶應義塾大学経商連携21世紀COEプログラム研究員

「団塊世代の職業経験と就業意識」

▶馬越恵美子氏　桜美林大学ビジネスマネジメント学部教授

「今、なぜダイバーシティ・マネジメントなのか？

—日韓企業の調査、及び、それを越えて」

［2007年10月18日］

▶上原克仁氏　一橋大学大学院経済研究科博士課程

「商社におけるホワイトカラーのキャリア形成」

▶小池和男氏　法政大学名誉教授

「海外企業に活きる人材」

［2007年12月７日］

▶永野仁氏　明治大学政治経済学部教授

「企業の人材採用と大学生の就職」

▶石田英夫氏　東北公益文科大学大学院教授

「成功した起業家とプロフェッショナルの要件—共通性仮説」

▶蔡芢錫氏　専修大学経営学部助教授

「状況・能力・やる気—個人業績の決定要因において何が起きているのか」

［2006年７月13日］

▶浅海典子氏　神奈川大学経営学部助教授

「女性事務職のキャリア形成—営業職場の事例から」

▶武石恵美子氏　法政大学キャリアデザイン学部教授

「働き方と女性のキャリア」

コメンテーター：牛尾奈緒美氏　明治大学情報コミュニケーション学部助教授

［2006年９月21日］

▶北原佳郎氏　ラクラス㈱代表取締役社長

「どうすれば『人材マネジメント』に集中できるのか？」

▶福田秀人氏　立教大学21世紀社会デザイン研究科危機管理学教授

「労務管理100年の不作—成果主義とシステマティック・ソルジャリング」

［2006年11月30日］

▶大藪毅氏　慶應義塾大学大学院経営管理研究科専任講師

「なぜ会社をやめるのか？—職場における仕事と責任の二重構造」

▶平澤賢一氏　会津大学短期大学部産業情報学科教授

「外資系企業における人事部門の機能とその変遷」

コメンテーター：一守靖氏　慶應義塾大学大学院商学研究科博士課程

［2005年６月29日］

▶須田敏子氏　青山学院大学大学院国際マネジメント研究科助教授

「イギリス（ホワイトカラー）との比較からみた日本企業の人事考課と個人賃金決定の特色」

［2005年９月15日］

▶八代充史氏　慶應義塾大学商学部教授

「イギリスの投資銀行―HRMの『収斂』と『差異化』」

▶高山与志子氏　ジェイ・ユーラス・アイアール㈱マネージング・ディレクター

「米国労働市場の実態

―二つの観点『非正規雇用』と『株式市場と雇用の関係』から見た日米比較」

コメンテーター：山内麻理氏　UBS証券エグゼクティブ・ディレクター

［2005年12月８日］

▶馬欣欣氏　慶應義塾大学大学院商学研究科博士課程

「中国国有企業における賃金制度の改革および問題点

―『成果主義人事制度』に関する36社の実態調査からの示唆」

▶鈴木美伸氏　プロフェッショナル・リクルーターズ・クラブ代表

「大学就職課からキャリアセンターへの機能変化の考察」

［2006年３月23日］

▶梅崎修氏　法政大学キャリアデザイン学部専任講師

「日本企業における労使協議制の効果と限界―『労使協議のあり方調査』の分析」

［2003年７月23日］

▶坂野達郎氏　東京工業大学理工学研究科助教授

「行政評価と自治体職員のインセンティブ」

［2003年12月10日］

▶永井隆雄氏　慶應義塾大学大学院商学研究科修士課程

「目標管理の問題点―その失敗の背景はどこにあるか？」

▶太田信之氏　㈱ジェネックスパートナーズ取締役シニアクライアントパートナー

「コア人材育成の仕組みと戦略的人事」

［2004年３月23日］

▶福田眞知子氏　武蔵野大学講師

「室内管弦楽団におけるプロフェッショナル組織の人材マネジメント」

▶平松繁実氏　高千穂大学経営学部教授

「HRMの企業内マルチスタンダードによる経営管理」

［2004年９月28日］

▶楠見孝氏　京都大学教育学研究科教授

「ホワイトカラーにおける暗黙知」

［2005年３月10日］

▶石田英夫氏　中村学園大学流通科学部教授

「起業家の要件と育成可能性」

［2002年９月18日］

▶仙田幸子氏　獨協大学経済学部経営学科専任講師

「複線型雇用管理下の技能形成と処遇の公平性」

▶太田信之氏　ジェミニ・コンサルティング・ジャパン　シニアコンサルタント

「GEの人事戦略」

［2002年11月26日］

▶細萱伸子氏　上智大学経済学部助教授

「多国籍化とHRD」

▶銭谷美幸氏　ヒュー・マネジメント・ジャパン常務取締役

「再就職支援業界の現状とその問題点」

［2003年１月30日］

▶蔡芢錫氏　専修大学経営学部助教授

「プロフェッショナル組織における人的資源管理」

▶横山和子氏　東洋学園大学人文学部教授

中村寿太郎氏　東洋学園大学現代経営学部助教授

「国際的な人の移動―日本人国連職員意識調査から」

［2003年３月19日］

▶八代充史氏　慶應義塾大学商学部助教授

「社内公募制度と多面評価制度―サラリーマンは『仕事』と『上司』を選べるか」

▶吉川肇子氏　慶應義塾大学商学部助教授

「組織におけるネガティブな情報の伝播」

▶南雲智映氏　慶應義塾大学大学院商学研究科修士課程
「ソフトウェア技術者の中高年齢化と年齢限界説」

［2002年１月16日］
▶賜暁霞氏　松蔭女子大学講師
「中国における日系企業の人的資源管理に関する調査の分析」
▶徐海波氏　東京理科大学大学院生
「中国における日系企業と中国企業の評価・報酬制度の比較」
コメンテーター：石田英夫氏　東京理科大学経営学部教授

［2002年６月14日］
▶申美花氏　立正大学非常勤講師
「プロ組織人の二重コミットメントに関する研究
—事務系ホワイトカラーの人材マネジメント」
▶福谷正信氏　立命館アジア太平洋大学教授
「人事評価の公正性と労使関係」

［2002年７月24日］
▶永井隆雄氏　慶應義塾大学大学院商学研究科修士課程
「360℃フィードバック—米国HRMにおける現状と日本における可能性」
▶鈴木美伸氏　プロフェッショナル・リクルーターズ・クラブ
「採用担当者の役割変化」

［巻末資料］慶應義塾大学産業研究所
HRM研究会活動実績

※2001年以降2021年９月までの報告実績を記載しています。
※報告者の肩書は、すべて報告時点のものです。

［2001年７月４日］
▶牛尾奈緒美氏　明治大学短期大学経済科専任講師
「ジェンダーフリー企業に向けて
―アファーマティヴ・アクションとダイバーシティ・マネジメント」

［2001年10月10日］
▶森範子氏　価値総合研究所
「人的資源のアーキテクチャーとHRM」
▶山口祐子氏　㈱日本経営協会総合研究所
「事例研究：ビジネスマンの『仕事のやりがい』に影響を与える企業の風土」

［2001年11月28日］
▶西山昭彦氏　東京ガス㈱都市生活研究所長
江種浩文氏　慶應義塾大学大学院商学研究科博士課程
「転職市場における第一印象の重要性
―先行研究とヒアリング・アンケート調査の結果から」

植村隆生（うえむら　たかお）
人事院事務総局企画法制課長。
主論文：「米国連邦公務員制度とその変容（一～八）―国防総省の公務員制度改革を契機として―」（第一法規「自治研究」掲載）、「級別定数等に関する人事院の意見～新制度の下における級別定数等の設定・改定プロセス～」（「人事院月報」掲載）、「リレー解説 公務員制度（第５回）政治主導と幹部公務員の人事」（「人事院月報」掲載）。

山本紳也（やまもと　しんや）
株式会社HRファーブラ代表取締役。上智大学非常勤教授。早稲田大学非常勤講師。筑波大学大学院客員教授。
IMD Learning Manager & Executive Coach
主著：『外国人と働いて結果をだす人の条件』（幻冬舎）、『人事の本気が会社を変える』（経営書院）、『新任マネジャーの行動学』（経団連出版）。

八代充史（やしろ　あつし）
慶應義塾大学商学部教授。博士（商学）。
主著：『日本雇用制度はどこへ向かうのか―金融・自動車業界の資本国籍を越えた人材獲得競争』（中央経済社）、『人的資源管理論―理論と制度（第３版）』（中央経済社）、『日産・ルノーアライアンスオーラルヒストリー―グローバル提携時代の雇用・労使関係』（共編著、慶應義塾大学出版会）。

[著者紹介]

清家　篤（せいけ　あつし）
日本私立学校振興・共済事業団理事長／慶應義塾学事顧問。博士（商学）。
主著：『労働経済』（共著、東洋経済新報社）、『雇用再生』（NHKブックス）、『エイジフリー社会を生きる』（NTT出版）、『高齢者就業の経済学』（共著、日本経済新聞社）『生涯現役社会の条件』（中公新書）、『高齢化社会の労働市場』（東洋経済新報社）。

濱口桂一郎（はまぐち　けいいちろう）
労働政策研究・研修機構研究所長。
主著：『ジョブ型雇用社会とは何か』（岩波新書）、『日本の雇用と労働法』（日経文庫）、『日本の労働法政策』（労働政策研究・研修機構）。

中村天江（なかむら　あきえ）
連合総合生活開発研究所主幹研究員。博士（商学）。
主論文：「なぜ日本の労働者は低賃金を甘受してきたのか―ボイスメカニズムの衰退と萌芽」『一橋ビジネスレビュー』68巻4号、「日・米・中の管理職の働き方 ―ジョブ型雇用を目指す日本企業への示唆」『日本労働研究雑誌』No.725（共著）、「プラットフォーマーと雇われない働き方―シェアリングエコノミーが照らす今日的課題」『季刊労働法』256号。

ジョブ型vsメンバーシップ型
——日本の雇用を展望する

2022年5月10日　第1版第1刷発行

編　者　慶應義塾大学
産業研究所
HRM研究会

著　者　清家　篤
濱口桂一郎
中村天江
植村隆生
山本紳也
八代充史

発行者　山本　継
発行所　㈱中央経済社
発売元　㈱中央経済グループパブリッシング

〒101-0051　東京都千代田区神田神保町1-31-2
電話　03 (3293) 3371（編集代表）
03 (3293) 3381（営業代表）
https://www.chuokeizai.co.jp
印刷／三英印刷㈱
製本／誠製本㈱

＊頁の「欠落」や「順序違い」などがありましたらお取り替えいたしますので発売元までご送付ください。（送料小社負担）
ISBN978-4-502-42021-4　C3034